이화 역사 이야기

이화
역사
이야기

이화역사관 엮음

이화여자대학교출판부

간행사

『이화 역사 이야기』는 1886년 한국 최초의 여성 교육기관으로 설립되어 한국 최고, 최대의 명문 대학으로 발전을 거듭해온 이화의 역사와 그 밑바탕이 된 이화정신을 되새기며, 이화가 나아갈 방향과 비전을 공유하기 위해 기획되었습니다.

스크랜튼 선생님께서 이화를 설립하신 이래로 이화는 이 땅의 여성들을 위한 교육의 터전으로서 큰 소명을 다해왔습니다. 이화는 '여성의 인간화'라는 장대한 비전 아래 이 땅의 여성들과 더불어 많은 것들을 처음 시도하였고, 처음 보여주었으며, 처음 성취하였습니다. 그리고 이제 이화는 지성과 인성을 두루 갖춘 여성 인재들을 길러내는 '글로벌 여성 교육의 허브'로서 새로운 역사의 장을 펼쳐가고 있습니다.

지난 127년 동안의 이화 역사는 이화의 빛나는 미래를 비추어 줄 거울입니다. 이화의 역사에는 언제나 섬김과 헌신, 나눔과 돌봄, 그리고 도전과 개척의 이화정신이 함께해왔습니다.

이화의 역사는 무엇보다도 도전과 개척의 역사였습니다. 시대와 사회가 요구하는 소명을 의식하고, 어느 누구도 밟아보지 않은 땅을 용감하게 개척해왔습니다. 이화가 시도했던 많은 일들은 여성에 대한 사회적인 편견에 맞서야 하는 쉽지 않은 '최초'였습니다. 격동의 한국 근현대사를 겪으며, 이화의 역사는 이 땅에서 '여성의 인간화'를 위한 초석을 닦아왔다고 자부할 수 있습니다. 이화는 한국 여성들을 역사의 주체로 부각시키고, 매 시대마다 미래를 내다보는 선구적 교육을 통해 사회 각 전문 분야의 개척자로서 앞장서 활약하는 수많은 여성 전문 인력을 배출해왔습니다.

그러한 도전과 개척을 가능하게 했던 것은 바로 섬김과 나눔의 이화정신이었다는 사실을 이화의 역사를 보며 확인할 수 있습니다. 이화의 스승님과 선배님들은 기독교적 소명 아래 가부장제의 굴레 속에서 고통받고 있던 한국 여성들을 당당한 사회와 역사의 주체로 세우려는 비전을 제시하며 전진해왔습니다. 이화의 시작은 소외받는 여성에게 교육의 기회를 나누어주는 것이었습니다. 그리고 소외된 이웃과 약자에 대한 나눔과 돌봄의 실천정신은 이화가 언제나 소중히 지켜온, 그리고 지켜갈 가르침입니다.

이제 이러한 역사의 바탕 위에서, 섬김과 나눔의 이화정신은 오늘날 '글로벌 여성 교육의 허브'라는 새로운 도전과 개척의 역사를 열어가고 있습니다. 여전히 가부장제 질서와 가난으로 고통받고 있는 제3세계의 여성들을 위한 교육, 섬김과 나눔의 실천, 전 세계를 무대로 활동하는 이화인의 공동체적 네트워킹, 이것이 지난 역사로부터 배워온, 그리고 이 시대의 부름에 답하는 이화의 비전입니다.

그동안 이화는 『이화 70년사』, 『이화 80년사』, 『이화 100년사』, 『이화 110년사: 어제와 오늘』 등으로 이화의 역사를 체계적으로 정리해왔습니다. 그러나 충실한 자료와 고증을 토대로 만들어진 이화의 역사서들은, 내용이 방대하여 쉽게 읽기는 어려웠습니다. 이에 이화인뿐 아니라 일반 독자들에게 이화의 역사를 보다 쉽게 전달하고자 이 책을 간행하게 되었습니다. 이 책이 이화정신의 참다운 가치와 자랑스러운 역사를 보다 가깝게 체감하는 기회를 제공하게 되기를 소망합니다.

역사는 단지 과거라는 지나간 시간 안에 놓여 있는 것이 아닙니다. 그것은 우리의 정체성의 씨앗이며, 미래 비전의 자양분입니다. 이화의 역사를 이끌어온 이화정신은 매 순간 새롭게 다가오는 시대의 변화와 도전에 맞서 '글로벌 여성 교육의 허브'라는 비전을 세우고 전진하는 이화의 미래 안에 새롭게 살아나갈 것입니다.

2013년 9월

이화여자대학교 총장 김 선 욱

차 례

Ⅲ. 전문학교 시기 1925~1945 /이화 반세기의 기적/

Ⅳ. 종합대학교 확립기 1945~1961 /시련 속에 의연히 선 이화/

Ⅴ. 이화의 발전기 1961~1979 /이화 학풍의 진작/

Ⅵ. 이화의 도약기 1979~1990 /이화의 르네상스/

Ⅶ. 이화 21세기 1990~현재 /글로벌 이화의 꿈과 도전/

1886

1910

I

이화학당 시기

여명기의 이화

이화역사관

배꽃梨花 학교, 서울에서 가장 전망 좋은 곳

1886년 5월 어느 봄날, 가마를 타고 하인을 거느린 쪽진 머리의 앳된 여인이 배꽃이 흐드러지게 핀 정동 언덕 위 한옥 기와집 문을 두드렸다. 자신을 어느 고관의 소실이라고 소개한 그녀는 영어를 배워 왕비의 통역이 되고 싶다는 뜻을 밝혔다. 선교사 스크랜튼Mary F. Scranton 선생은 그녀의 방문에 잠시 말을 잇지 못했다. 그러나 곧이어 감격에 찬 얼굴로 두 팔을 벌려 그 여인을 뜨겁게 포옹했다. 그토록 기다리던 이화학당의 첫 학생이었다. 몇 날간 학당 문을 열어놓고 학생을 기다리던 스크랜튼 선생의 간절한 기도가 이루어지는 순간이었다. 그보다 더 오래전 선교사들이 척박한 이 땅에 눈물로 뿌려놓은 씨앗이 비로소 작은 싹을 틔우는 순간이기도 했다. 이름도 없이 '김 여인'이라고만 기록된 그녀는 비록 3개월 만에 병으로 학업을 중단할 수밖에 없었지만 그날 그녀의 방문은 한국 여성 교육의 서막을 여는 신호탄이 되었다. 그리고 한국 최초의 여학교 이화학당이 김 여인을 얻은 5월 31일은 이화의 창립일로 영원히 기념되고 있다.

이화학당의 초대 당장堂長 스크랜튼 선생이 한국 땅에 도착한 것은 이보다 1년 전인 1885년 6월의 일이었다. 스크랜튼 선생은 아시아 지역 여성들을 위한 사업을 펼쳐오던 미감리회해외여선교회W.F.M.S. 소속 선교사로서 물 설고 낯선 한국에 파송되었다. 닭고기와 달걀조차 "모양만 고향의 것과 닮았을 뿐 맛은 매우 달랐던" 낯선 땅 한국에서 스크랜튼 선생이 주력한 일은 교육사업과 의료사업이었다. 구체적으로는 인습에 얽매여 배움의 기회를 갖지 못하는 소녀들을 위해 교육기관을 설립하고 남자 의사를 기피하는 여성들만을 위한 전문 진료소를 설립하는 일이었다. 그리하여 궁극적으로 나라와 민족을 위해 봉사할 수 있는 일꾼을 키워내는 것, 스크랜튼 선생이 자신의 사명이자 하늘의 소명이라 믿었던 이 일은 한국에 파송된 초기 개신교 선교사들 공동의 이념이자 목표이기도 했다.

그러나 스크랜튼 선생의 계획은 처음부터 난관에 부딪혔다. 학

이화학당 설립자, 메리 F. 스크랜튼

⁚ 이화학당 최초의 한옥교사(1886)

생을 모으는 일 자체가 쉽지 않았던 것이다. 여전히 조선시대의 남녀차별적인 교육제도가 적용되던 때였고 서양인에 대한 조선인의 거부감과 배타심도 장벽이 되었다. 폐쇄적인 유교 전통의 영향 때문에라도 생면부지의 외국인에게 선뜻 딸을 내맡기는 부모는 없었다. 규방 깊은 곳에 유리된 상류층 여성이나 빈한한 계층의 딸들이나 접근이 어렵기는 마찬가지였다. 설상가상으로 서양인들이 아이의 피를 빨고 눈을 빼낸다거나 아이들을 멀리 외국으로 팔아버린다는 괴소문까지 나도는 지경이었다. 이렇다 보니 자녀를 부양해주겠다는 조건으로 사정하다시피 해서 겨우 학생을 데려와야 하는 실정이었다. 이화학당의 첫 영구학생永久學生 꽃님이는 딸을 되찾아가겠다는 어머니에게 서약서를 써주면서까지 겨우 안심을 시켜 얻은 학생이었다. 훗날 미국 유학을 다녀와 최초의 양의사가 된 박에스터조차 자신이 네 번째 학생 김섬동으로서 학당에 처음 왔을 때의 두려움을 이렇게 고백한 적이 있다.

> 내가 10살 때 스크랜튼 부인을 만나러 가게 되었다. 매우 추운 날씨여서 부인이 나를 난로 가까이 오라고 했는데 나는 부인이 나를 난로에 잡아넣어 태워버릴 것만 같아 두려웠다. 그러나 부인의 친절하고 아름다운 얼굴이 그런 생각을 떨쳐버

리게 하였다.

그러다 마침내 이 같은 오해와 소문을 가라앉힐 수 있는 모종의 기회가 왔다. 1887년 2월 고종이 배꽃 학교라는 뜻으로 '이화학당梨花學堂'이라는 명칭을 하사한 것이다. 정식으로 학교 이름을 하사한다는 것은 선교사들이 운영하는 학교에 대해 정부가 신임을 표하고 공립학교의 지위를 공인한다는 의미였다.

이화학당 현판은 안타깝게도 지금은 전해지고 있지 않다. 하지만 이화학당 이름이 교사 대문에 버젓이 내걸린 후부터 발 없는 말처럼 떠돌던 소문과 괴담이 조금이나마 잠잠해졌다 하니 이 현판의 존재는 꽤나 위력적이었던 듯싶다.

'이화梨花'라는 학당명이 붙여진 유래에 대해서는 몇 가지 설이 있으나 초기 교사가 있던 정동 언덕에 배나무 밭이 있었다는 사실과 관련이 있다는 설이 유력하다. 옛 지도를 보면 학당이 있던 자리에 '이화정'이라는 이름의 과수원(또는 화원)이 있어 그 일대에 배나무가 많았던 것으로 추정되기 때문이다.

이렇게 이화학당은 '서울에서 가장 전망이 좋은 곳'이라는 아름다운 풍경 안에 자리 잡고 있었다. 그리고 '배꽃 핀 골에 세운 학당' 곳곳에선 배움의 꽃이 만개하고 있었다.

당시 고종황제가 하사한 이화학당 현판이 걸린 정문 :

이화학당의 나날들

악의적인 소문과 곱지 않은 시선을 물리치고 학생을 데려다놓기는 했지만 의사소통조차 원활하지 않은 상태에서 스크랜튼 선생 혼자 어린아이들을 돌보는 일은 결코 쉽지 않았다. 초기 학생들은 별다른 공부 없이 영어로 주기도문과 찬송가를 배우면서 어울려 소꿉놀이나 하며 지냈다 한다. 공부하는 것과 노는 것이 구분되지 않았고 학교는 의식주가 해결되는 가정이나 다를 바 없었다. 사정이 이렇다 보니 이화학당은 결과적으로 수업료뿐 아니라 의식주 일체가 무료로 제공되는 기숙학교 형태가 되었다.

이화학당이 어느 정도 학제를 구비하기 시작한 것은 교육 선교사 출신 로드와일러Louisa C. Rothweiler가 2대 당장으로 취임한 다음부터였다. 교원 경력이 있는 로드와일러 선생은 학당의 교육 수준을 높이기 위해 학과목을 구분해 정식화하고 학당의 규칙을 강화했다. 덕분에 학생들은 지지地誌, 산술, 과학, 영독본, 영문법 등 근대 학문 체계를 접할 수 있게 되었다.

학생 수가 증가하고 몇몇 선생님들이 더 부임한 후부터는 나름대로 학교 생활과 기숙사 생활의 구분이 엄격해지면서 규율이 잡혀갔다. 학당 설립 10년이 지난 1896년경의 기록을 보면, 학생들의 일과는 7시 아침식사, 8시부터 12시까지 수업, 이후 점심식사와 기도회, 다시 1시부터 4시까지의 수업으로 빈틈없이 채워져 있었다. 그리고 저녁식사 전까지 어린 학생들은 공기놀이, 널뛰기 등을 하며 놀고 큰 학생들은 기숙사 일을 도왔다고 한다. 저녁식사 후에는 전교생이 각자 방에서 15분씩 기도시간을 갖고 하루를 정리하도록 했다.

기숙사 생활을 하는 학생들이 학당 밖 나들이를 손꼽아 기다리는 건 당연한 일이었다. 일요일 정동교회로 다 같이 예배를 드리러 가는 길도 학생들에겐 바깥구경을 할 수 있는 절호의 기회였지만, 그보다 더 큰 즐거움은 일 년에 한두 차례 있는 소풍날이었다. 봄이면 학생들은 자하문 밖 석파정으로 꽃놀이를 가거나 전차를 타고 동대문 밖에 있는 홍릉으로 소풍을 다녀왔다. 그리고 가을에는 단풍놀이를 떠나기도 했다. 이화학당 학생들의 나들이가 있는 날이면 장안의 길 가던 사람들이 모두 멈춰 광경을 지켜보곤 했다. 학당의 교복이나 마찬가지였던 다홍빛 치마저고리를 아래위로 맞춰 입고 걸어가는 여학생들은 당시 그 자체로 이색적인 구경거리가 아닐 수 없었다.

점차 사람들의 이해와 호응에 힘입어 학당은 번창해갔다. 4명으로 시작했던 학생 수가 다음 해에는 12명으로, 불과 4년 후에는 28명으로 늘어나더니 1895년에는 이미 건물 수용 능력이 한계에 달해 학생들을 돌려보내야 할 정도였다. 그러자 필요한 경비를 자비로라도 부담하고 입학하겠다는 학생들이 나타났다. 비로소 순수하게 교육이라는 목표에 입학 동기가 맞춰지기 시작한 것이다.

이는 물론 선교사들의 헌신적인 노력의 결과였겠지만, 사회 분위기 역시 이런 변화를 이끌어내고 있었다. 당시는 만민평등과 남녀평등이라는 독립협회의 이념이 공명을 얻어 여성도 남성과 동등한 교육 기회를 누려야 한다는 주장에 힘이 실리던 때였다.

1896년 어느 날 이화학당을 찾아온 정열적인 기혼 여성의 사례는 이런 의식을 잘 대변해주고 있다. 여성의 힘도 국력이라는 소신을 가진 그녀는 이화학당 입학을 간절히 원했다. 그러나 선

초창기 이화학당 학생들 :

교사들은 기혼 여성의 입학을 제한하는 규칙과 비좁은 교실을 이유로 그녀의 요청을 거절했다. 그러자 그녀는 물러서지 않고 하인이 들고 있던 불 꺼진 초롱을 들어 보이며 "우리나라는 마치 이 불 꺼진 등잔같이 어둡습니다. 어머니들이 배우고 알아야 자녀들을 가르칠 터인데 어떻게 해야 하겠습니까?"라고 반문했다. 그녀의 열성에 감동한 학교 측은 모든 경비를 본인이 지불하겠다는 제의를 받아들여 입학을 허락했다. 이 부인이 바로 뒷날 한국 여성 최초로 미국에서 문학사학위B.A를 취득하고 돌아와 이화에서 후진을 가르쳤으며, 사회 여성 지도자로도 이름을 날린 하란사 선생이다.

그 후 하란사 선생의 일화에 감동받은 많은 기혼 여성들이 학당을 찾았다. 학교 측은 신학문을 배워 가정과 사회에 유용한 일꾼이 되고자 하는 그녀들의 뜻을 존중해 1908년 마침내 기혼 여성의 입학을 허가하기에 이른다.

'여성에 의한, 여성을 위한' 보구여관

1887년 겨울 이화학당 구내의 한옥 한 채에는 쓰개치마로 얼굴을 가린 부녀자들의 출입이 유독 잦았다. 한국 최초로 여의사가 여성들만 진료하는 부인 병원에 내원하는 이들이었다. 후에 '보구여관保救女館' 현판을 내건 이 병원은 스크랜튼 선생이 교육사업과 함께 추진한 여성 의료사업의 귀한 결실이었다.

이전에도 제중원에 여의원과 간호원이 있었다고는 하나 남녀 간의 내외가 심하던 당시에는 여성들의 병원 출입 자체가 쉽지 않은 일이었다. 어렵사리 병원에 온다 해도 여성 전문 의료진이 없어 진료 과정에 애로사항이 있었다.

스크랜튼 선생의 아들 스크랜튼 의사는 민중 의료사업의 일환으로 자신의 자택에서 무료 진료를 시작하면서 병원 문에 다음과 같은 안내장을 붙여놓고 여성들을 기다린 적도 있었다.

> 남녀노소를 막론하고, 어떤 병을 가졌든지 매일 10시에 빈 병을 가지고 와서 미국인 의사를 만나시오.

그러나 부녀자들이 미국인 남자 의사를 찾아오는 일은 쉽지 않은 일이었다. 스크랜튼 측은 한국에 여의사가 절실하다는 점을 선교본부에 강력히 피력했고 마침내 시카고 출신 여의사 메타 하워드Meta Howard가 파견되었다. 감리교 선교부 여성 사업의 하나로 한국에 전문적인 여성 병원이 만들어질 기회가 생긴 것이다.

이렇게 해서 보구여관은 스크랜튼 선생의 관할하에 이화학당과 한 울타리 안에서 운영되기 시작했다. 스크랜튼 선생이 추진하는 교육사업과 의료사업이 밀접하게 연결되어 있듯이 두 기관 역시 상호 보완기능을 하고 있었다. 이화학당의 두 번째 영구학생 별단이처럼 보구여관에 치료를 받으러 왔다가 학당에 입학한 학생들의 사례나 큰어머니를 따라 보구여관에 왔다가 구내 잔디밭에서 노는 학당 아이들이 부러워 아버지를 졸라 입학했다는 김

한국 최초의 여성 전용 병원, 보구여관(1887)

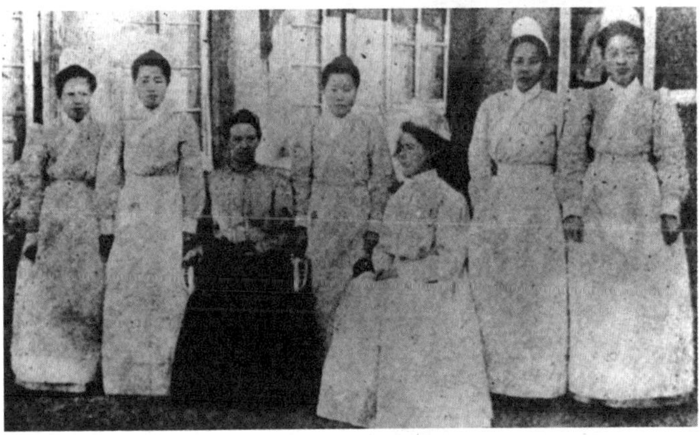

여성 의료인 양성의 모태가 된 간호원양성소

한국 최초의 여의사, 박에스터

룻세의 경우만 봐도 두 기관의 상호 관련성을 짐작할 수 있다.

실제로도 보구여관은 이화학당과 자매기관 또는 부속기관으로서 밀접한 관련을 맺고 있었다. 학당 학생들의 건강 문제를 보구여관에서 담당하는 것은 물론이고, 병원 역시 통역에서부터 약제실 일에 이르기까지 학생들의 도움을 받는 일이 많았다. 보구여관 의사의 강의를 통해 학생들은 일찍부터 근대 과학에 노출될 수 있는 행운도 얻었다. 더 나아가 보구여관은 여성들에게 전문적인 직업의 길을 열어주기도 했다. 병원 일을 돕는 보조원이나 환자들에게 성경을 읽어주고 복음을 전하는 전도부인Bible Woman으로 일할 기회를 제공했던 것이다.

보구여관의 존재에 힘입어 스크랜튼은 간호원양성소를 설치했다. '간호원'이라는 말 자체가 없던 시절에 한국 최초로 여성들에게 의학 교육과 간호 교육을 실시한 간호원양성소의 모습을 어느 잡지는 다음과 같이 전하고 있다.

> 서울 대정동에 보구여관이라는 여병원이 있는네, 각 병든 여인들을 지성껏 잘 보아 주며 또 그 병원 안에 간호원양성학교가 있으니 (…) 총민한 여자를 뽑아 각색 병 치료 하는 법을 눈으로 보고 귀로 듣고 손으로 행하여 시시로 배우게 하며 병

> 종류를 나누고 일 등분을 분별하여 열심히 가르치며 그 외에도 여러 고명한 의원과 선생을 청하여 좋은 공부를 많이 시키더라. (…) 우리나라에서 이런 공부를 하면 다른 나라에서보다 더 귀하고 좋겠으니 정산한 여자들과 젊으신 여인들은 좋은 때를 허송치 말고 이런 학교에 많이 가서 시험하여 보고 공부를 부지런히 하여 우리나라 여인들도 같이 좋은 일들을 많이 하기 바라나이다.
>
> _〈가정잡지〉 제1권 4호(1906. 9. 25)

간호원양성소에서 전문적인 교육을 받은 학당 출신 학생들은 1906년 한국 역사상 처음으로 행해진 가관식에서 2명의 한국인 간호원을 배출하는 쾌거를 이루어냈다.

이처럼 보구여관과 간호원양성소는 시작과 형성기에 이화학당의 역사와 불가분의 관계를 맺고 있었다. 이화가 한국 최초의 여의사를 길러내고 해방 즉시 의과대학을 설치할 수 있었던 배경에는 보구여관의 존재가 있었다. 뿐만 아니라 1955년 한국 최초로 학사과정의 간호학과를 설치할 수 있었던 것 역시 30년 가까운 간호원양성소의 전통이 있었기에 가능했던 일이다.

저것은
한국 여성의
아우성

1908년은 이화 역사의 새로운 전기를 마련한 의미 있는 해였다. 그해 6월 18일 이화는 23년 만에 첫 열매로 5명의 졸업생을 배출했다. 이들은 4년 전에 신설된 중학과의 전 과정을 마친 첫 번째 졸업생이기도 했다. 그 영광의 주인공 5명은 배꽃같이 하얀 치마저고리와 머리를 틀어 올린 예복 차림으로 정동교회 졸업식장으로 향했다.

이들의 졸업은 '결혼이 곧 졸업'으로 여겨지던 한 시대를 마감한다는 의미였다. 그 이전까지만 해도 졸업식이라는 것이 따로 없었다. 학당 초기 입학생들은 나이 제한이 없어 다양한 연령으로 구성되었는데, 이들은 불문율처럼 대략 열 대여섯 살쯤 되면 결혼을 하면서 자연스럽게 학당을 떠났다. 물론 더 공부하기 위해 외국 유학을 떠나는 경우도 아주 드물게 있었지만 대부분은 결혼을 위해 집으로 돌아가는 것이 상례였다. 혼기가 찬 딸을 둔 부모들이 조바심을 내며 혼인을 종용하는 상황이다 보니 어떤 경우 선교사들이 앞장서 학생들을 결혼시키기도 했다. 심지어 신랑을 물색하고 함을 받고 혼수 일체를 준비하는 일부터 조선 풍속에 따라 격식을 갖춰 전통혼례를 치르는 일까지 학당에서 친히 담당했다.

그렇지만 막상 신교육을 받은 이화의 소녀들은 혼인을 앞두고 많이 혼란스러웠을 것이다. 이화학당 학생 박에스터의 일기는 자신의 현재와 미래 사이에서 존재론적 괴리를 겪었던 당시 소녀들의 내적 번민과 고통을 고스란히 담아내고 있다.

> 3일 동안 저는 뜬눈으로 고민했습니다. 왜냐하면 저는 남자를 결코 좋아하지 않을 뿐 아니라 바느질도 잘 못합니다. 그러나 우리 관습은 결혼을 해야 합니다. 이 점은 저도 어쩔 수 없습니다. 비록 제가 남자를 싫어해도 말입니다. 만일 하나님께서 박씨를 저의 남편으로 삼고자 하시면 저의 어머니가 그를 좋아하지 않는다 해도 그의 아내가 될 것입니다. 그의 지체가 높고 낮음이 무슨 소용이 있겠느냐고 어머님께 말씀드렸습니

중학과 제1회 졸업생(1908)

> 다. 저는 부자거나 가난하거나 지체가 높고 낮음을 개의치 않습니다. 제가 예수님 말씀을 믿지 않는 사람과는 결혼하지 않을 줄 당신은 아시지 않습니까. 제가 결혼한다고 생각하니 묘한 느낌이 듭니다.

신앙과 지식으로 더 큰 꿈을 키워온 한 소녀가 관습의 벽에 부딪혀 겪어야 했던 고민과 갈등, 그것은 이 땅의 여성들이 이전에 경험해보지 못한 전혀 새로운 차원의 번민일 수밖에 없었다. 그도 그럴 것이 이화의 학생들은 학당 시절부터 개인적인 기도와 명상을 통해 선각자로서의 신념을 다져왔던 것이다. 어린 김활란이 기도하다 "저 소리가 들리느냐? 저것은 한국 여성의 아우성이다. 어째서 네가 저 소리를 듣고도 가만히 앉아 있느냐?"라는 하늘의 음성을 듣고 개구쟁이 소녀에서 소명감에 불타는 여인으로 변신했다는 일화가 말해주듯, 결혼 대신 불행한 사람들을 위해 평생을 바치겠다는 꿈, 이것은 당시 이화 학생들이 보편적으로 그리는 자신의 미래였다.

로드와일러 선생은 자신의 교육관을 밝힌 글에서 이화의 교육이념이 "더 나은 한국 사람을 만들려는 것"이지 "외국인을 만들려는 것이 아님"을 분명히 밝힌 바 있다.

> 우리의 교육 목적은 한국 여성으로 하여금 참된 가정을 만들고 유지하는 데 조력자가 되고 우리 학교의 교사가 되며 기숙학교의 조수가 되고 의료사업에 있어 간호원이나 조수가 되게 하는 데 있다. (…) 그들은 음식을 만들고 의복을 짓고 자기 몸과 집 안을 깨끗이 하는 법을 배워야 한다. 이것은 모두 한국식으로 해야 하는데 단지 그들을 동포와 유리되지 않게 하고 자기 환경에 대하여 불만을 품게 하지 않으며 (…) 한국 실정에 맞도록 가르쳐야 한다.

이와 같은 선교사들의 교육 이념은 이화의 씨앗이 한국의 토양 위에서 견실하게 뿌리내릴 수 있게 해주었다. 이름조차 주어지지 않았던 한국의 소녀들은 선교사들로부터 루시, 엘리사, 엠마, 에스터 등의 세례명을 받고 기독교 정신을 바탕으로 인간의 길을 걸어 한국 여명기의 선각자들이 되었다.

한국의 여성 교육사 첫머리에는 이화학당의 이름이 놓인다. 이화학당의 설립은 학교 교육을 받은 '여학생'이라는 새로운 계층을 형성시켰다. 이화는 전통적으로 지켜져온 성 편견적인 여성의 역할을 동요시켜 그 스스로가 새로운 규준이 되는 변화와 가능성의 역사를 써내려가기 시작했다.

1910 §

1925

II
대학과 시기

시대를 향한

이화의 도전

중강당

남자들과
어깨를 나란히

이화가 한국 여성 교육의 등불을 밝힌 이래 조선 땅에는 장옷을 벗어던지고 책보를 둘러매고 학교를 가는 여학생의 모습이 진풍경을 이루었다. 학교는 배움에 목말랐던 그녀들에게 영원히 마르지 않는 지식의 화수분 같은 곳이었다. 이미 학문의 즐거움을 깨달아버린 학생들을 멈추게 하기는 쉽지 않았다.

이화의 학생들은 자연히 중학과 졸업으로 만족하지 못하고 상급학교 진학을 희망하게 된다. 학생들의 고조되는 학구열을 만족시키기에 1908년 신설된 고등과 과정 역시 역부족이었다. 이제 명실상부한 '대학'이 필요했고 현실적으로도 고등교육을 받은 한국인 여교사를 키우는 것이 시급한 시점이었다.

이런 상황에서 이화의 4대 당장 프라이Lulu E. Frey는 부임 초기부터 여성의 고등교육기관인 대학 설립을 구상하고 있었다. 「한국 여성을 위한 고등교육」이라는 글에서 프라이 당장은 정신적, 신체적으로 성숙하지 못한 어린 학생들이 조혼의 관습으로 중도에 학교를 떠나는 데 대한 안타까움을 표한 적이 있다.

> 문명이 발달할수록 유년 시대도 더 길어진다고 누군가가 말했다. 우리 학교에 고등교육과정을 설치하려는 강력한 이유의 하나는 그렇게 함으로써 소녀들을 더 오래 학교에 머물게 하여 보다 완전하게 정신적, 심적, 육체적으로 성숙케 하며 안정되게 하려는 것이다.

그러나 프라이 당장의 대학 설립은 곧바로 반대에 부딪혔다. 고등교육기관의 설립 자체가 쉽지 않던 시절이었다. 이미 학교교육은 1908년 일제에 의해 공포된 '사립학교령'의 압제 아래 놓여 있었다. 한민족의 주권을 강탈하려는 야욕을 여러 차례 드러낸 일본은 민족말살정책의 최우선 과제로 사학 통제를 위한 법률적 장치를 마련하는 데 고심했다. 학교 설립 요건뿐 아니라 교육내용, 교원 자격 등을 제한하며 고등교육 자체를 방해함으로써

대학과를 창설한 4대 당장 룰루 E. 프라이

이 나라의 인재가 미래의 지도자로 성장할 수 있는 경로를 차단하고자 한 것이다.

프라이 당장이 넘어야 할 산은 이뿐만이 아니었다. 여성 고등교육에 대해서는 학부형과 일반 대중은 물론이고 일부 선교사들 사이에서도 시기상조라는 의견이 지배적이었다. 과년한 여성들이 20세가 넘도록 공부를 한다는 것은 사회 통념상으로도 용납하기 어려운 일이었기 때문이었다.

그러나 프라이 당장에게는 여성 교육에 관한 한 그 어떤 거시적인 이념보다 더 강렬한 동기가 있었다. 바로 자신이 한국 여성들의 성장의 서사를 기록할 증인이었기 때문이다. 프라이 당장은 그간 이화에 재직하면서 이 땅의 여성들이 겪은 허다한 상처와 숱한 사연들을 지켜보았다. 절망과 환희, 갈증과 갈망이 뒤섞인 그녀들의 눈동자 속에서 프라이 당장은 이제 그들이 "남자와 어깨를 나란히 할 수 있을 때까지 만족하지 못할 것"임을 알 수 있었다. 그리하여 프라이 당장은 "국가의 운명이 여성에게 달려 있다는 것"을 강조하며 여성 고등교육의 필요성을 역설했다. 그리고 기독교적 고등교육의 가치를 내세워 이 땅의 여성들을 나라와 사회를 위한 건실한 일꾼이자 유능한 지도자로 양성하고자 하는 흔들림 없는 목표를 향해 나아갔다.

1910년 봄 마침내 이화학당 대학과가 신설되었다. 중학과의 교육 수준을 끌어올리고 고등과를 재정비하여 여성 교육의 최고 기관인 대학으로 개편한 것이다. 미국에서조차 1800년대에야 여자 대학이 처음 설립되었으니 여성 교육의 불모지인 한국에 여자 대학이 들어선 것은 기적과도 같았다. 이는 일제의 탄압과 안팎의 부정적인 여론을 단호히 극복해낸 프라이 당장의 신념과 결단이 있었기에 가능한 일이었다.

대학과의 이모저모

오랜 기다림과 진통 속에 대학과를 설치했지만 시급한 문제가 한두 가지가 아니었다. 학제 정비뿐 아니라 대학교육을 담당할 전문적인 교수 확보, 열악한 환경 개선과 시설 확충이 필요했다. 대학과가 문을 연 첫해에 15명의 학생이 모여들었다. 대부분 중학과, 고등과 졸업생이고 드물게는 학당 출신으로 일본 등지에서 유학하고 돌아온 학생들도 있었다. 수준 높은 교육을 기대하는 학생들의 바람을 충족시키고 이들을 전문 인력으로 양성하기 위해서는 양질의 교육 환경이 마련되어야 했다.

프라이 당장은 즉시 미국선교본부에 새로운 교수진을 요청하고 한국 내 대학교육의 자격을 갖춘 교수들을 배정하여 대학 교

대학과 초창기 교수진 :

과과정에 합당한 과목을 개설했다. 이때 이화학당 출신으로 교수진에 합류한 이가 바로 하란사 선생이다. 이화학당 시절, 손수 등불을 들고 찾아와 배움을 청했던 기혼 여성 하란사, 프라이 당장으로 하여금 한국 여성을 위한 고등교육이라는 원대한 비전을 품게 한 그녀가 이제는 프라이와 뜻을 함께하는 동지로서 이화의 강단에 선 것이다.

이화학당 출신의 이은라, 최활란, 김애식, 박인덕, 김활란 등도 미국과 일본 등에서 유학한 후 모교의 교수로 든든히 자리를 지켰다. 세련된 양장 차림에 유학이라는 커리어를 갖추고 외국 선생들과 어깨를 나란히 한 이들의 모습은 그 자체로 학생들에게 희망의 모델이 되었다. 이들 중에는 하란사 선생처럼 독립운동 중 순국한 이들도 있고 이화에서 일생을 바쳐 고종명考終命의 표본이 된 이은라 선생 같은 이도 있었다.

당시만 해도 이화에 남자 교사의 수는 손가락으로 꼽을 정도였다. 이중에 이성회 선생은 이화학당 시절부터 한문 과목을 담당했는데, 이화에서 그의 또 다른 역할은 크리스마스 때 산타클로스로 분장해 학생들에게 선물을 나누어주는 일이었다. 오죽했으면 그가 이화를 떠난 후 산타 역할을 할 사람이 없어, 여선생들이 강당 한쪽에 휘장을 치고 쪼그리고 앉아 낚시코에 선물을 꿰어

한국 최초의 미국 유학생 하란사 :

넘겨주었다는 에피소드가 전해지겠는가. 1920년대까지 한국 전체 교원의 90퍼센트가 남자였다는 통계에 비춰봐도 이화의 경우는 이례적이라 할 만했다.

이처럼 전문 교수진이 있었음에도 불구하고 대학과는 특별한 전공과목 없이 학문 전반에 걸친 교양교육을 실시했다. 이는 다양한 지식을 습득할 기회가 제한되어 있던 한국 여학생들의 특수한 여건에 맞춰 가능한 한 여러 학문을 접하게 해주자는 목적에서였다. 덕분에 학생들은 지리학, 천문학, 수학, 교육학, 윤리학, 심리학 등의 근대 학문이 총망라된 교과목들을 접할 수 있었다. 특히 이화는 영어, 음악, 체육 교육을 강조하는 것으로 유명했는데, 이중에서도 여학생들의 건강 증진과 심신의 균형 있는 발전을 위해 체육 교육에 많은 시간을 할애했던 점은 특기할 만하다.

그러나 이화학당 초창기 시절 학생들로 하여금 몸을 움직이게 하고 스포츠 규칙을 익히게 하기는 쉽지 않았다. 그도 그럴 것이 신체를 자유롭게 움직인다는 것을 꿈도 못 꾸던 여학생들에게 체조를 비롯해 농구, 정구, 배구, 연식야구 등의 서양 운동과 각종 체육 활동은 부끄럽고 낯선 일이 아닐 수 없었다. 초창기 학생 가운데에는 놀이나 경기에서 이기지 못하면 주저앉아서라도 끝까지 경기를 계속하려고 고집을 부리는 경우가 종종 있었다. 게임에서 승부를 끝내는 법부터 가르쳐야 할 만큼 이들에게 체육 활동은 미지의 영역이었던 것이다. 그렇기에 체육 시간은 신체 단련과 함께 생활 관습의 개혁이 이루어지는 시간이기도 했다.

대학과 학생들의 활발한 문화 활동 역시 장안의 화제가 되었다. 부활절이나 크리스마스 같은 기독문화의 각종 행사들, 그리고 이화의 소풍, 연극, 졸업음악회와 공연 등은 화려한 축제의 장면들을 연출하면서 대학문화와 여성문화의 여명을 밝혔다. 특히 메이데이 행사가 치러지는 5월 마지막 날에는 메이퀸 대관식, 매스 게임 등의 진귀한 행사를 보려고 이화 교정에 몰려드는 구경꾼들로 정동 일대가 마비될 정도였다고 하니, 이화의 창립기념일은 곧 서울 장안의 잔칫날이었던 셈이다.

이화 교육의 우수성과 선진성이 알려지면서 대학과의 학생 수도 점차 증가해갔다. 그동안 번듯한 건물 하나 없이 선교사들의 숙소 한쪽 귀퉁이에서 수업이 이루어지고 있던 상황이라 무엇보다도 공간의 확충이 시급했다. 급한 대로 낡은 손탁 호텔을 사들여 일부를 개조하고 수리해봤지만 밀려드는 학생 수요를 감당하기에는 턱없이 부족했다. 이에 이화 교사들이 나서서 자신들의 공간을 직접 설계하고 디자인하기에 이른다. 그렇게 해서 대학과 전용 건물인 프라이홀이 신축되었다. 프라이홀은 150명의 학생

⁚ 대학과 전용건물, 프라이홀

⁚ 프라이홀 도서관

들을 위한 기숙사, 교실, 숙소, 도서실 등을 갖추고 수도와 전기, 스팀이 완비된 최신식 건물이었다.

1923년 거행된 프라이홀 봉헌식에는 2천여 명의 내객들이 한마음으로 모였다. 대학과를 창설한 프라이 당장의 이름을 딴 프라이홀의 존재는 건물 이상의 의미였다. 프라이홀은 여성 교육의 괄목할 만한 성과를 입증하는 상징물인 동시에 이화의 미래를 보여주는 청사진이었기 때문이다.

조끼허리, '이화패션'의 유행

이화학당 시절, 운동장에서 체육 수업이 한창이던 어느 날 월터A. Jeannette Walter 선생과 파이Olive F. Pye 선생은 놀이에 열중하고 있는 학생들이 짧은 저고리를 매만지고 긴 치맛자락을 몇 번이나 추켜올리는 모습을 보게 된다. 아름답기는 하지만 몇 겹씩 꽁꽁 가슴을 졸라매고 속바지, 고쟁이, 속치마, 치마를 겹쳐 입는 한복은 신체 활동을 하기에는 매우 거추장스러워 보였다.

월터 선생은 선교사들과 함께 좀 더 실용적으로 한복을 개량할 방법이 없을까 고심한 끝에, 저고리 길이를 길게 하고 치마에 조끼를 달아 어깨에 걸어 입도록 하는 개량된 한복 패턴을 고안했다. 한국 복식사에 중요한 전기를 이루는 일명 '조끼허리'가 탄생

하는 순간이었다. 물론 처음에는 재봉 시간에 이 패턴을 나눠주고 치마를 고치게 하자 어머니가 마련해준 한복 옷감을 뜯어내며 눈물을 흘리는 학생이 있었을 만큼 거부감도 있었다. 그러나 점차 이 옷의 간편함을 몸소 체험한 학생들에 의해 개량 방법이 알려지는가 싶더니 어느덧 이화의 체육복 격인 조끼허리 한복은 전국에서 유행하게 되었다.

이렇게 선교사들이 조끼허리를 보급한 이래 이화는 계속해서 한복 개량에 앞장서왔다. 따라서 양장이 대중화된 1950년대까지도 이화의 캠퍼스에는 스스로 개량한 한복을 입고 우아하고 고운 맵시를 드러내는 여교수들이 심심치 않게 발견되고는 했다.

선교사들과 유학파 선생들을 통해 서구 문화를 일찌감치 경험했던 이화는 조선 여성의 패션 리더를 자임하며 유행의 진원지로서 그 역할을 톡톡히 해냈다. 1920년대 여학생과 신여성의 정체성을 규정하게 되는 흰 저고리와 검정 통치마, 그리고 올림머리 패션을 처음 선보인 이도 이화학당 출신 최활란이었다. 1907년 일본 유학을 마치고 귀국하는 최활란은 짧은 통치마에 양말과 구두를 신고 도쿄에서 유행하던 '히사시가미' 머리 차림으로 배에서 내렸다. 머리 위에 쇠똥을 얹어놓은 것 같다 해서 '쇠똥머리'라고도 불리던 '히사시가미' 스타일은 이내 뒤에 머리를 틀어 붙

: 1910년대 월터 선생의 체조 시간

이는 '트레머리'로 바뀌긴 했지만 한때 여학생들 사이에서 대유행을 이루었다.

뿐만 아니라 1920~30년대 패션의 하이라이트는 '숏 커트', 다시 말해 당시의 단발이었는데 이 또한 이화의 김활란 선생이 선구자 격이다. 그는 1928년 국제회의에 참석하러 가던 중 기착지인 사이공 항에서 중국인 갑판 하역부들이 길게 늘어뜨린 거추장스러운 머리를 보고 발전과 진보를 위해 쓸모없는 머리를 잘라야겠다고 결심, 다음 기항지 마르세이유에 도착 즉시 긴 머리를 자르게 된다. 당시는 여성의 헤어스타일과 복장에 대한 시비是非가 끊이지 않고 주요 논쟁거리가 되던 시절이었다. 더군다나 단발은 조선 여성의 아름다움을 훼손한다 하여 유독 곱지 않은 시선을 받고 있었다. 이에 대해 김활란 선생은 "단발은 손톱이 자라면 손톱을 깎고 손이 더러우면 손을 씻는 것과 같이 일상생활의 상식"이므로 이를 반대하는 것은 '재래의 인습'일 뿐이라며 단발을 옹호하고 나섰다. 물론 김활란 선생 이전에도 몇몇의 단발 여성이 등장해서 사람들의 주목을 받은 일이 있었지만, 당대의 명사名士로 이름 높던 그가 단발을 감행한 이후 이것은 진보적 여성의 트레이드마크로 인식되기에 이른다.

이렇듯 소위 '이화패션'이라는 이름으로 보급된 아이템들은 최첨단의 유행을 선도하면서 여학생이라는 새로운 신분을 규정하는 하나의 코드로 자리 잡기에 이른 것이다.

히사시가미 머리 모양을
한 대학과 학생들

중학과와 대학과 학생들(1912)

1세대 여성 지도자 트레이닝

배꽃이 만발한 1914년의 어느 봄날 정동교회에는 한 무리의 하객들이 모여들었다. 예배당 안에는 이화학당 학생 전원이 흰 치마저고리의 예복 차림으로 도열해 있었다. 잠시 후 사각모와 검은 가운 차림의 여학생 3명이 장내에 들어서자 축하객과 내빈들은 일제히 기립하여 이들에게 아낌없는 축하의 박수를 보냈다. 한국 최초의 여자 대학 졸업생이 탄생하는 역사적 순간이었다. 예배당 안에 감돌던 미묘한 긴장감이 터질 듯한 감격과 흥분으로 바뀌고 있었다.

이날 학사모를 쓴 영광의 주인공은 김애식, 신마숙, 이화숙이었다. 15명의 대학과 신입생 가운데 끝까지 남은 3명이었다. 이들은 그 전날 있었던 졸업 축하 예배에서 각각 '교육요소로서의 놀이', '한국미술탐구', '미국 시인 롱펠로우'라는 주제로 자신의 연구 성과를 발표하기도 했다. 이들의 지적 관심사도 그렇거니와 발표도 영어와 우리말로 두 차례에 걸쳐 이루어졌다고 하니 이화의 교육 수준이 얼마나 높았는지를 짐작해볼 수 있다.

조혼이 만연하던 당시 사정으로 볼 때 여자 대학생이 된다는 것은 실로 특별한 혜택이 아닐 수 없었다. 그랬던 만큼 온갖 오해와 시기를 한 몸에 받는 일이기도 했다. '여학생'이라는 존재에 대해서 사회적 합의조차 이루어지지 않던 시절이고 보니 대학과 학생이야 말할 것도 없었다. 괜한 지적 허영으로 시간을 낭비한다는 질타와 염려로 시비가 끊이지 않을 만큼 여대생은 세간의 이목을 집중시키는 존재였던 것이다.

세간의 관심도 관심이었지만 대학을 졸업하기까지 이들은 학비라는 현실적인 문제에 직면할 수밖에 없었다. 실제로 고등교육과정이 아니더라도 학교에 입학을 아예 못 하거나 중도에 그만두는 조선인 학생의 문제 중에 가장 큰 비중을 차지하는 것이 학비 문제라는 통계가 있었다. 경제적 기반이 열악한 조선인 가정에서 고액의 수업료를 부담하는 것이 쉽지 않았음을 알 수 있다. 이화에서는 이런 학생들을 구제하고 중도 탈락률을 낮추고자 등록금

상환제도를 실시했다. 등록금을 우선 면제하는 대신 졸업 후 의무적으로 교직생활을 하도록 하는 이 제도는 결과적으로 학생들의 사회 진출을 높이는 효과적인 장치로 기능했다.

이렇게 온갖 어려움을 이겨내고 당대 최고 학부의 엘리트가 된 이들이니 그 자부심이야 이루 말할 수 없었을 것이다. 그러나 그들은 자긍심만큼이나 책임감을 절감하고 있었던 듯하다. 이화를 통해 배출된 여성 전문 인력의 면면만 들춰봐도 그들이 여성 지도자로서 어떠한 사명감을 지니고 있었는지를 알 수 있다.

이화의 졸업생들은 외국 유학을 통해 전공 학문의 학위를 취득한 뒤 한국의 여성 전문인 제1세대를 형성했다. 컬럼비아대학에서 철학 박사학위를 받은 한국 여성 박사 1호 김활란을 위시해 이화의 졸업생들은 각 분야에서 괄목할 만한 활동과 지도적인 역할을 담당했다. 몇몇만 꼽아보아도 최활란, 박인덕 등이 여성단체와 종교계에서 활동했고, 황에스터는 여성 독립운동 조직의 효시격인 송죽회를 조직해 농촌계몽활동과 여성 운동에 발자취를 남겼으며 일엽 김원주는 제1세대 여성 문인으로 등재되어 있다.

물론 고등교육을 받은 여성의 수가 손에 꼽을 정도이기도 했지만 학교를 졸업하고도 가사노동에 종사하는 여성의 비율이 높았던 당시 사정을 감안해보면, 유독 이화 출신 인사들의 활동이 두

대학과 1회 졸업생-신마실라(신마숙), 이화숙, 김애식(1914)

드러진 것에 주목하지 않을 수 없다.

이 같은 결과는 분명 유별났던 이화의 학생 자치활동과 밀접한 관련이 있다. 이화는 재학생들로 하여금 정규 교과과정 외에도 자치적으로 학생단체를 조직해 다양한 종교활동과 봉사활동에 참여하도록 했기 때문이다. 특히 대학과 학생들은 전교생이 빠짐 없이 이 같은 과외활동에 동참해야 했다.

대표적으로 이문회以文會, Literary Society, 공주회公主會, King's Daughters, 선교회宣教會, Missionary Society, 무흠단無欠團, Purity League, 이화 7인 전도대와 이화YWCA 등이 있다. 이중 이문회는 일종의 문학 서클로서 매주 모여 다양한 주제로 열띤 토론을 벌이기로 유명했다. 이문회 회원들은 유명 강사를 초빙해 강연을 듣고 음악과 연극 프로그램을 기획해 각종 행사를 주관하기도 했다. 이문회 토론이 있을 때면 구경하러 온 전문학교 학생들로 강당이 메워지고는 했다.

공주회와 선교회, 무흠단 등은 이름에서 짐작할 수 있듯 신앙 서클의 성격을 지니고 있었다. 그러나 이들 단체는 개인의 영적 성장을 도모하는 데 그치지 않고 기독교 정신을 바탕으로 한 이웃 사랑과 봉사에 목적을 두고 적극적인 활동을 벌였고 이를 구국 운동으로 이어갔다. 그 정점에서 만들어진 것이 이화 7인 전도대라 할 수 있다. 3·1 운동의 잔열이 채 가시지 않은 1919년

문학 동아리, 이문회 :

신앙 동아리, 공주회 :

여름, 6인의 학생은 김활란 선생을 전도대장으로 추대하고 전국 순회 전도여행을 계획했다. 과거 스크랜튼 선생이 그러했던 것처럼 가난과 무지 속에서 고통받는 이들에게 기독교의 복음을 전하겠다는 취지였다. 서울을 출발해 전국 각지를 돌면서 이들이 만들어낸 기적의 역사는 실로 놀라운 것이었다. 이들의 활동은 각 지방 청년 단체와 연합해 농촌계몽운동의 성격으로 발전함으로써 소외된 농촌 지역에 활기를 불어넣었다. 이러다 보니 학생 자치단체인데도 가는 곳마다 일본 경찰의 주의 감찰이 있었다 한다. 그만큼 7인 전도대는 영향력 있는 선교기관으로서의 역할을 톡톡히 했다고 할 수 있다.

이화의 학생 자치단체 회원들의 명단 속에서 걸출한 여성 지도자들의 이름을 발견하는 것은 어렵지 않다. 지도자로서 이들의 자질과 소양은 이화 재학 시절 다양한 활동들을 통해 함양되고 있었던 것이다.

이화는 식민지 상황과 남녀 차별이라는 이중의 모순구조 속에서도 멈추지 않고 여성 성장의 역사를 써내려갔다. 그리고 한국 여성사에 등재된 이화 출신 지도자들의 활약은 여성 고등인력 배출이라는 이화학당 설립의 당위성과 존재 의의를 명백히 확인시켜주고 있다.

민중 계몽에 앞장섰던 이화 7인 전노내

1925

1945

III

전문학교 시기

이화 반세기의 기적

본관

진선미,
조화와 균형의 이화정신

1920~30년대 여학생은 검은 통치마와 굽 높은 구두와 같은 복식뿐만 아니라 가슴에 찬 교표를 통해 더욱 눈에 띄었다. 학생을 사칭하는 가짜 학생 문제가 빈번하다 보니 학생의 정체성을 강화하는 방안이 필요해졌다. 이에 따라 학교마다 교기와 교표 등이 제작되었다.

교표, 교가, 표어와 같이 이화의 상징symbol이 기본 형태를 갖춘 것은 1930년경이었다. 이 시기는 이화가 전문학교로 전환되어 전공학과를 두고 각 분야의 전문적인 교육을 실시하던 때였다. 이화는 1925년 4월 23일 대학과와 대학예과를 전문학교로 개편해 이화여자전문학교로 정식 인가를 받았다.

국학자 정인보 선생은 4분의 4박자의 웅장하고 위엄 있는 행진곡 풍의 곡조에 이화의 옹골진 정신과 이상을 예스럽게 담아내어 이화의 교가를 완성했다.

> 한가람 봄바람에 피어난 우리 성인이 이를 불러 이화라셨다
> 거룩한 노래 곱게도 나니 황화방 안에 천국이 예라
> 지조의 높은 의기 길고긴 내력 아령비 머다할가 지은이 우리
> 육부에 삼베 짜던 것 배워 덕행의 수로 온 대한 싸세
> 서거라 단닿거라 절조와 지개 한 사람 외오서도 내 일로 알자
> 하나님 느리 임하심같이 두리는 속에 광명이 쐬네
> 이화 이화 우리 이화 진선미의 우리 이화
> 네 향기 널리 퍼져라 아! 우리 이화

3절에 이르는 우아하고 유장한 노랫말을 따라가다 보면 한국 근대사와 여성사의 흐름을 주도해온 이화의 역사를 상기하게 된다.

교가에도 등장하듯이 이화의 교육 목표는 진 · 선 · 미라는 표어에 집약되어 있다. 여기에는 지성과 덕성, 아름다운 감성을 갖춘 인간상에 대한 이화인의 소망이 반영되어 있다. 배꽃을 매개로 디자인된 교표의 경우, '이화와 같이 순결하며 좋은 열매를 많

이 맺으라'는 의미로 만들어진 것이다. 이화의 교표를 가슴에 부착한 학생들은 여타 학교와 구별되는 이화인의 감각과 정체성을 자연스레 품게 되었다.

진 · 선 · 미라는 표어에서 드러나듯 조화와 균형을 강조하는 이화정신은 전문학교 교과과정에도 그대로 반영되어 있다. 이화는 이화여전과 이화보육학교라는 두 체제로 정비한 후 이화여전 과정을 다시 문과와 음악과, 가사과 세 과로 나누어 균형 있는 발전을 도모했다. 이화보육학교는 우리나라에서 최초로 개설되어 유치원 교사 양성을 주도해온 유치원 사범과를 독립된 전문교육기구로 명의 변경해 재정비한 것이다. 이화여전의 문과, 음악과, 가사과, 그리고 보육학교가 한국의 저명한 문인, 음악인, 교육자를 배출하는 선구자적 소임을 담당했음은 두말할 나위 없다.

특기할 만한 것은 이화전문에서 가장 중점적으로 운영했던 교양과목이 체육이었다는 사실이다. 이는 이화의 기본 정신인 조화와 균형을 실천하는 방침으로 전교생의 체육 활동을 통해 정신과 육체의 조화로운 발달을 도모하고자 한 데 따른 것이다. 이화학당 시절부터 이화의 체육 활동은 워낙 관심거리이기도 했지만, 과년한 여성들이 흰 블라우스에 검정색 블루머 체육복을 차려입고 기계체조와 모던 댄스를 배우고 소프트볼과 배드민턴을 즐기는 풍경은 여전히 사람들 사이에서 큰 화제를 낳았다. 잡지와 신문의 사진 화보란에 몸매를 드러내는 운동복을 입고 활달히 움직이는 여성의 모습이 실린 것도 이즈음의 일이었다.

현대적인 여성이 되기 위한 필요 요건으로 '피아노 한 곡쯤 칠 줄 아는' 음악 취미와 함께 운동 취미가 꼽히던 때이니 이화의 체육 활동이 주목받은 것은 당연했다.

가을 체육대회 행사인 '자세여왕Posture Queen' 선발대회 역시 마찬가지였다. 일제의 간섭으로 메이퀸 선발이 중단된 이후 이화에서는 '자세여왕'을 선발했는데, 자세여왕의 중요한 선발 기준은 외모의 아름다움보다 맑은 정신과 끊임없는 노력으로 얻어지는 건강한 육체의 아름다움이었다고 한다. 자세여왕에 선발되기 위해 학생들은 평소에도 아름다운 걸음걸이와 곧은 자세를 갖추기 위해 노력했다. 이 때문에 길거리에서 이화 학생을 식별하기는 어렵지 않았다는 얘기가 있을 정도였다.

그만큼 이화여전 학생들의 모든 행보는 곧바로 관심의 대상이 되었고 인습과 구속에서 해방된 여성의 표상으로서 주목받았다.

자세여왕 선발대회 :

체육관에서의 체조 수업

'Ewha Girl', 이상은 높게, 기개는 활달하게, 매무새는 세련되게

"이화는 여성천국이래."

"이화에 가면 선생이나 한국 사람은 한국말만 쓴대."

"이화에 가면 영어를 잘 할 수 있대."

"이화 졸업생은 누구나 피아노를 잘 쳐."

청결하고 아름다운 매무새에 묻어나오는 자부심과 당당한 태도, 이화전문 학생들에게서 묻어나는 세련된 감각과 자유주의적 기풍은 묘한 이질감을 불러일으키면서 소녀들에게 선망과 동경의 대상이 되었다. 그러나 한편에서 이화는 이런 분위기 때문에 남성들의 시샘과 폄훼의 표적이 되기도 했다.

세간의 관심을 반영하듯 1920~30년대 신문 잡지에는 여학교들에 색깔을 매겨 분별하는 기사들이 종종 실렸는데 「각 여학교 학생의 특생 잡평」(『신여성』, 1926. 5)이나 「남학생을 대상으로 한 서울 장안 여학생에 대한 앙케이트」(『동광』, 1932) 등이 그것이다. 여기서 이화여고나 이화전문 학생에 대한 평가를 보면 항상 '하이카라'라는 수식어와 더불어 '사치', '서양의 껍질', '쾌활미', '아메리카풍', '자만심' 등의 단어가 따라붙고 있음을 알 수 있다. 인근 여학교인 숙명, 진명, 동덕이 순하고 검소하고 규율이 엄하고 기풍이 얌전하다는 평가를 받은 것과 비교될 만하다.

당시 사회는 침대에서 잠자고 식탁에서 식사하는 양식 생활문화에 익숙한 이화 학생들을 '이화 걸ewha girl'이라 불렀다. 일찍이 선교사들이 버림받고 소외된 아이들을 데려다 서구식 의식주 생활을 함께한 것이 아이러니하게도 서양 문화에 길들여진 여성의 이미지를 생성하게 된 셈이다. 거기다 익숙지 않은 서구 문화에 대한 남성들의 호기심과 질투는 '미국 풍이 들어서 성분이 나쁘고 사치하고 버터 냄새가 난다'는 식의 악의적인 평판으로 변질되었다. 그러므로 '이화 걸'이라는 명명에는 신여성이나 여학생에 대한 남성들의 선망과 거부, 동경과 열등감의 이중적 시선이 그대로 투영되어 있다고 할 것이다. 좋든 싫든 이화전문 학생들

이화의 학생들 :

을 향한 평가가 높은 이상과 활달한 기개, 세련된 멋쟁이라는 데는 이견이 있을 수 없었다.

모던 혹은 낭만의 보고寶庫

최첨단 모던의 상징적 존재로서 이화의 이미지는 그냥 형성된 것이 아니었다. 실제로도 이화의 건물들은 조선 안의 이방지대라 생각될 만큼 최신식으로 설비되었고 학생들은 기숙사 생활을 통해 스팀 난방, 수세식 화장실, 전깃불, 커튼 등 생활·문화면에서 이미 선진적인 문명의 혜택을 경험하고 있었기 때문이다. 더욱이 여학생들만 출입 가능한 금남의 공간이라니, 기숙사에 대한 학교 밖 사람들의 호기심과 의구심은 갖은 추측과 풍문을 낳으며 증폭되어갔다.

이화 기숙사에는 전국에서 온 대다수의 학생들이 각 방마다 4명씩 배치되어 생활하고 있었다. 물론 서울에 거주하며 통학하는

기숙사 별관 '황화사'

학생들이 일부 있기는 했다. 하지만 대부분의 학생들이 기숙사를 통해 공동생활을 경험하도록 한 것은 이화학당 시절부터 이어져 오던 전통이기도 했다.

여학생 풍기 문란의 진원지로 하숙집이 지목되는 때였던 만큼, 여학교의 기숙사 생활에는 엄격한 규율과 질서가 적용되었다. 이화 기숙사 입구 큰 거울 위에는 "모든 일을 단정히 하고 규칙을 따라 행하라"는 문구가 걸려 있었다. 학당 시절 하란사 사감이 학생들이 염두에 두어야 할 좌우명을 자개글자로 새겨 붙인 것이었다.

이화 기숙사는 '프라이 자매원Frey Hall Sister's Garden'이라는 자치 운영 조직을 통해 기숙사 내 모든 생활과 규율을 운영하는 것을 원칙으로 했다. 학생들에게 배달되는 편지도 사감의 검열을 받지 않고 학생 임원인 검사가 직접 전달해주는 형식을 취했고 식단과 방의 환경, 생활세칙 등도 학생들 스스로의 의결에 의해 결정했다. 장차 이 나라 여성계를 선도할 학생들인 만큼 학창시절부터 자립심을 길러주겠다는 학교 측의 의도에서였다.

엄격한 규율과 통제가 있었지만 기숙사 생활은 한편으로 낭만과 추억의 보고寶庫였다. 여학생들끼리 모여 일상을 나누던 기숙사는 그야말로 우애가 싹트는 작은 천국이었다. 특히 '사랑자매'

관계를 맺은 선후배들은 신입생이 낯선 환경에 적응하도록 보살피고 빨래도 대신해주는 등 어려운 일이 있을 때마다 서로를 향한 친밀하고 돈독한 자매애를 과시했다. 이들은 밤이면 베개를 들고 서로의 방을 찾아 잠들 때까지 수다를 떨기도 하고 때로 '애틱attic'이라 불리는 지붕밑 다락방에서 선생님의 눈을 피해 비밀 모임을 갖고 서로의 연애담을 나누기도 했다. 기숙사에는 입동을 전후해 전교생이 수업을 전폐하고 직접 김치를 담그는 소위 김장방학이라는 것이 있었는데, 이때 언니들은 제각기 맛있게 생긴 김치쌈을 자신의 사랑동생에게 전하느라 본의 아니게 짝패의 정체를 드러내는 일도 있었다.

새 학기가 시작될 무렵 기숙사는 학생들이 고향에서 싸들고 온 각종 음식들로 팔도별미시식회八道別味試食會가 열리는 음식 경연장이 되고는 했다. 기숙사는 각 지방 별미들의 맛깔난 향연에 초대되어 이 방 저 방 분주히 다니는 학생들의 수다와 웃음으로 활기가 넘쳐났다.

기숙사 생활에서 학생들이 가장 기다리는 날은 토요일과 일요일이었다. 그도 그럴 것이 토요일은 자유롭게 외출이 허락된 날이고 일요일은 예배를 드리기 위해 다 같이 정동교회로 나들이 나서는 날이었기 때문이다. 메이지 극장明治座의 조조할인 프랑스

영화를 보고 미쓰코시三越 백화점을 구경한 뒤 혼마치本町의 헌 책방을 둘러보곤 했다는 이화전문학교 학생의 어느 토요일 일과는 근대 도시문화를 향유하는 여성 구보 씨의 모습을 그대로 재현해 주고 있다.

"이화는 많은 사람들의 기도와 사랑의 결정체입니다."

이화가 지금의 신촌 캠퍼스에 둥지를 튼 것은 1935년의 일이었다. 3월 9일, 아펜젤러Alice R. Appenzeller 교장은 이화학당 설립자인 스크랜튼 선생의 사진을 품에 안고 정동을 떠나 금화산 줄기를 넘어 신촌 캠퍼스 본관 앞에 이르렀다. 벚나무와 은행나무가 어우러진 수목 사이로 푸른 지붕과 흰 돌벽의 아름다운 건축물이 이른 봄 햇살을 받아 그 자태를 드러냈다. 정동에서 가꾸었던 50년의 역사가 영원한 미래를 기약하며 새롭게 신촌 시대의 장을 여는 역사적인 날이었다. 눈부신 감격 속에 환희의 송가가 울려 퍼졌다. 더 큰 세상을 향한 이화의 오랜 꿈이 비로소 웅비의 나래를 펴기 시작한 것이다.

1922년 당장에 취임한 아펜젤러는 오래전부터 종합대학 건설과 독자적인 캠퍼스를 구상하고 있었다. 당시 한국 사회는 여자대학을 절실히 필요로 하고 있었으나 일제는 '조선교육령'에 의해 조선인에게 전문학교 이상의 교육제도를 허용하지 않는 상황이었다. 그러나 아펜젤러 당장은 신촌 대지를 구입하기 위해 5년간이나 간절히 기도하면서 나라 안팎으로 이화의 꿈을 알리고 원조를 요청해왔다.

그러던 중 김활란 선생은 1923년 가을에 미국 아이오와 주 데모인Des Moines에서 열린 미감리회해외여선교회W.F.M.S. 간부회의에 참석해 이화 원조를 요청하며 놋쇠 종을 기증했다. 그 종은 이화학당 시절 학비를 면제받는 대신 종 치는 일을 맡았던 김활란 선생 자신이 매일 치던 것이었다. 김활란 선생은 간절한 기도문을 덧붙여 종과 함께 전달했다.

> 한국 여성을 일깨워온 이화학당의 종을 여성해외선교부의 박물관을 위해 니콜슨 여사께 기증합니다. 이 종은 이화학당에 메인홀이 세워진 이래 계속 울려오던 것입니다. 이 종은 소녀들에게 기상 시간과 수업 시간, 식사 시간, 예배 시간, 기도 시간을 알려주었습니다. (…) 여기 종합대학교 건설을 위한 우

신촌 캠퍼스 입성, 본관 앞에서 찬송가를 부르고 있는 학생들(1935)

신촌 캠퍼스의 첫 번째 건물, 본관

리의 소망과 2만 5천 달러를 구하는 외침이 종과 함께 울립니다. (…) 그렇습니다. 무릎 꿇고 두 손 모으고 머리를 위로 향하여, 한국 여성들은 반드시 이루어야 할 구원의 세계로 향상시키는 여러분의 사업에 참여하기를 열망합니다. 자, 마지막 종소리를 들으십시오. 무한한 침묵 속에서 그것은 울리고 울리고 또 울립니다.

한국 여성을 일깨워 이 땅에 뿌린 배움의 씨앗, 그 씨앗이 종합대학이라는 열매로 맺어지길 바라는 이화의 소망이 다섯 번의 종소리와 함께 그곳에 모인 이들의 마음에 울려 퍼졌다.

간절한 종소리에 대한 화답은 뜻밖에 수천 마일 떨어진 한국 땅 이화 교정에서 들려왔다. 바로 그날 이화에 손님이 한 명 찾아온 것이다. 선교사로 있는 아들을 방문하고자 한국에 들른 그레이Philip H.Gray 부인이었다. 캐나다 선교사 색스Grace Saxe의 권유로 이화에 들렀다는 그를 이화의 지도자들은 신촌 대지로 안내했다. 차가운 겨울비 속에 펼쳐진 대지는 신비로운 약속의 땅이었다. 그날 그곳에서 그레이 부인은 희망의 기운에 휩싸인 이화의 미래를 느꼈는지도 모른다. 그녀는 그 자리에서 기부를 결정하고 귀국 즉시 대지 구입비와 건축비 3만 달러를 보내왔다.

당시 신촌 캠퍼스 전경을 그린 삽화

이렇게 신촌 교사 건축을 위한 광범위한 모금 운동은 각계 인사들의 관심과 호응을 얻었다. 국경을 초월해 모여드는 성금 중에는 미국인 사회복지가 파이퍼 부부Mr. and Mrs. Henry G. Pfeiffer가 보내온 것도 있었다. 자수성가한 사업가이자 독실한 감리교인이던 파이퍼 부부는 이미 세계 여러 나라의 교육 · 종교 · 사회사업에 상당한 돈을 기부해오던 터였다. 이들은 아펜젤러 교장의 간곡한 설명을 듣고 한 번도 가보지 않은 나라의 여학교에 본관 건축 기금을 희사하여 신촌 캠퍼스 건립에 결정적으로 기여했다.

신촌 캠퍼스로 이전하기 전 마지막 채플에서 아펜젤러 교장은 감격에 차서 이렇게 외쳤다.

“우리 이화는 많은 사람들의 기도와 사랑의 결정체입니다. 어느 한 사람이 이화를 만들었다고 말할 수 없으며 그것은 전 세계의 사랑이 이루어놓은 것입니다.”

"이화가 키워낸 이화인의 손으로"

이화의 역사가 외국인 선교사의 헌신을 밑거름 삼아 시작되었다면, 이화의 성장은 전 세계의 꿈과 소망을 동력으로 이루어졌다. 그러나 한국 땅에서 이화가 차지하는 위상과 의의가 선명해질수록 자립의 당위성을 주장하는 목소리도 높아졌다. 사회 지도층을 중심으로 이 나라 유일의 여성 최고 교육기관을 외국인의 손에만 맡겨둘 수 없다는 자각이 확산되었던 것이다.

이런 여론을 의식한 듯 사회 유지들은 1932년 '교회의 경영에서 사회의 경영으로'라는 기치 아래 이화전문후원회를 조직했다. 이 후원회는 훗날 '예수선교회의 이화여전'을 '조선인의, 조선 사회의 이화여전'으로 바꾸며 이화의 자립 기반을 마련한 이화재단

김활란 교장의 취임식 때 아펜젤러 선생과 함께(1939)

설립에 초석이 됐다.

이화 출신인 김활란 교장의 취임은 자립을 향한 이화의 의지를 천명한 일대 사건이었다. 김활란 선생은 컬럼비아대학에서 철학박사학위를 받은 한국 최초의 여성 박사로, 1939년 한국인으로는 처음으로 이화전문학교의 교장에 취임한다. 이후에 이화종합대학의 초대 총장으로 재직하기도 한 그는 여성 교육뿐 아니라 정치, 외교, 기독교회 등 각 분야에서 국내외적으로 탁월한 능력을 발휘했던 명사로 이름이 드높았던 인물이다. 그야말로 이화가 길러내고 이화를 만들어낸 이화의 상징적인 인물이 아닐 수 없다. "이화는 한국인의 손으로, 그것도 반드시 이화가 키워낸 이화인의 손으로 운영되어야 한다."는 아펜젤러 교장의 신념에 이보다 더한 적임자는 없는 셈이었다.

마침 한국 교회와 기독교 학교에 대한 일제의 탄압과 횡포가 심해지던 때였다. 이화는 감리교 재단의 결정에 따라 어쩔 수 없이 신사참배까지 수용하며 학교를 지키고자 했지만, 선교사에 대한 박해는 점점 심해지기만 했다. 결국 일제와 첨예한 대립 끝에 아펜젤러를 비롯한 대부분의 선교사들이 본국으로 철수하게 되었다. 평생 이화에 봉직했던 이들과 작별할 수밖에 없었다.

선교사들이 떠난 광야에서 이화인들은 절망과 울분을 디딤돌

본국으로 떠나는 선교사들에게 인사하는 이화의 학생들(1940).

삼아 다음 단계로의 도약을 준비했다. 결과적으로 보면 선교사들의 귀환은 이화의 시련이기도 했지만 동시에 홀로서기와 도약의 계기가 되었다고도 할 수 있다.

1945

1961

IV
종합대학교 확립기

시련 속에 의연히 선 이화

대강당

여대와 남녀공학의 갈림길에서

1940년대 더욱 혹독해져가는 일제의 탄압 속에서 이화여전 교육과정의 통폐합과 교명 변경 등의 시련을 겪으면서도 이화는 선구자적 소명의식을 잃지 않고 의연히 제자리를 지키고 있었다. 많은 교육기관들이 이미 축소되거나 폐교된 상황이었지만 이화가 살아남아야 할 이유는 명백했다. 전통 있는 여성 고등교육기관으로서 이화를 지켜내는 것은 곧 민족의 자존심과 여성의 정체성을 증명하는 일이었기 때문이다.

수난의 시기를 견디고 해방을 맞은 직후, 학교 문을 다시 열면서 이화는 서둘러 종합대학 신청서를 제출했다. 그리고 다음 해 국내 대학 중 최초로 종합대학 인가서를 받았다. 이화여자대학교가 한국의 모든 대학 가운데 제1호의 종합대학 인가서를 받았다는 것은 그간의 교육성과를 인정받는 일이며 나아가 한국교육사에서 차지하는 이화의 위상을 재확인하는 일이기도 했다. 입학시험 당일 1,000명이 넘는 학생들이 몰려와 시험에 응시했다는 사실만 봐도 이화가 60년의 단절 없는 역사를 통해 이 땅 여성들의 가슴에 심어놓은 것이 무엇이었는지 짐작할 수 있다.

종합대학으로 승격한 이화는 그 규모에 걸맞게 학칙을 개편하고 대학의 편제를 새롭게 구성했다. 교육과정 편성에 맞춰 교수를 증원하고 도서를 확충하는 등 이화는 부지런히 제2의 초석을 놓는 작업에 열중했다. 이에 따라 한림원(문과, 가사과, 교육과, 체육과), 예림원(음악과, 미술과), 행림원(의학과, 약학과)의 세 단과대학이 만들어졌다. 이화여대 부속병원이 개원하고 출판부가 발족된 것도 이즈음의 일이다. 이중에서도 특기할 만한 일은 1950년 3월에 이화여자대학교 대학원이 설립되었다는 사실이다. 이는 이화가 모름지기 연구 중심 대학으로서의 면모를 드러내고 최고의 여성 지도자 양성 기관으로서 그 위치를 재천명하는 계기가 되었다.

그런데 여성 교육의 성지인 이화여대가 한때 남녀공학이 될 뻔한 적도 있었다. 이화대학이 남녀공학이 될지도 모른다는 이야기

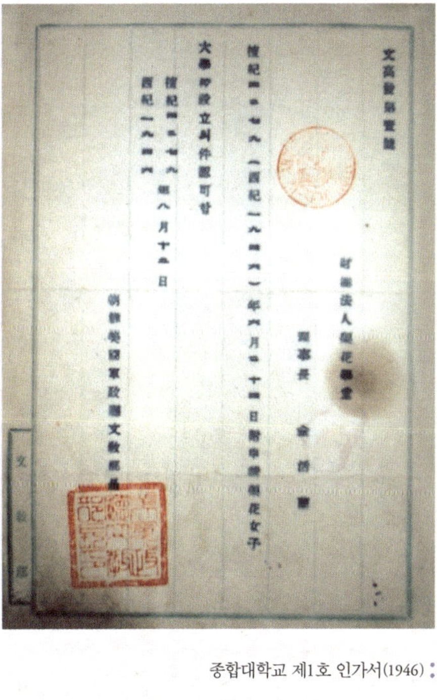

文[illegible]發第號

財團法人梨花學堂
理事長 金活蘭

檀紀四二七九(西紀一九四六)年六月二十四日附申請梨花女子大學의設立에關한件認可함

檀紀四二七九年八月十二日
西紀一九四六

朝鮮美國軍政廳文敎部長

종합대학교 제1호 인가서(1946)

: 해방 이후 캠퍼스 곳곳의 학생들

는 세간에서도 종종 화젯거리로 삼아온 얘기였다. 실제로 1946년 기독교 계통인 이화 · 연희 · 세브란스 3대학의 대표들이 긴밀한 협동관계를 모색하기 위해 한자리에 모인 일이 있었다. 이들 세 학교는 더 효과적이고 능률적인 대학 발전을 위해 3년간 연구회합을 거듭했고 그 결과 연희와 세브란스는 연세대학교로 통합되었다. 여기서 이화는 회의에서 제안된 건물 공유에는 찬의를 표했지만, 두 대학과는 다른 사명이 있음을 분명히 했다. 즉 여성교육기관으로서 이화가 독자적으로 할 일이 있다는 입장을 표명한 것이다.

3대학 합동 문제는 이렇게 일단락이 났지만 이후에도 세계적인 추세를 들어 이화의 남녀공학화에 대한 의견이 끊임없이 제기되었다. 〈조선일보〉 1971년 3월 11일자 기사에는 이화여대에서 남녀공학을 검토하고 있다는 기사가 대대적으로 보도되었다. 그러자 각지의 동창에게서 문의전화가 쇄도하고 "남녀공학 얘기한 사람을 학교에서 쫓아내라"는 항의가 빗발쳐 학교 당국이 이를 무마하느라 진땀을 빼는 해프닝이 벌어진 적도 있었다.

언젠가 한 기자가 김활란 총장에게 "언제쯤 이대가 남녀공학 대학이 되겠느냐"고 물은 일이 있었다. 그러자 김 총장은 "남녀 국회의원 수가 동수가 되어 한국에서 모든 남녀 차별이 사라질

때"라고 답변했다는 일화가 있다. 그럼에도 불구하고 대세에 맞게 이화를 남녀공학화해야 한다는 의견은 이후로도 때마다 고개를 들고는 했다. 1970년대에는 '이화 10년 발전연구위원회'가 '여대냐 공학이냐'라는 문제를 연구한 적도 있었으며, 1980년대엔 〈이대학보〉에서 '이화가 남녀공학이 된다면' 하는 가상 기사를 다루기도 했다. 그럴 때마다 이화의 지도자들은 선교사들이 이화를 세운 뜻과 의지가 한국 '여성' 교육에 있었다는 사실을 상기하면서 이화만은 여성들의 성역으로 남는 것이 옳다는 판단에 무게를 실어왔다.

전란 속에 꽃 피운 꿈

한국전쟁이 한창이던 1951년 1월, 한 신문 광고란에 눈길을 끄는 한 줄의 문구가 실렸다. "이화의 교수들은 모이라"는 이 광고 문구를 보고 전국에 뿔뿔이 흩어져 있던 이화의 교수와 학생들은 부푼 희망과 기대를 안고 하나 둘 부산 전시 피난 교사로 모여들기 시작했다. 1950년 6월 27일 휴교령이 내려진 이래 불과 7개월 만이었다.

그 무렵 문교부는 전쟁의 장기화에 대비해 전시 연합대학을 열고 있었다. 그러나 이화는 본교생의 교육을 직접 담당하고자 단독 개교를 단행했다. 상황이 열악한 전시에 단독 개교란 기적과도 같은 일이었다. 그런데도 피난 학교에 참여한 학생이 859명에 이르렀으니 그동안 학생들이 얼마나 배움에 목말라 하고 있었는지 짐작할 만하다.

텐트로 지은 임시 교사의 열악함, 극심한 물자 부족도 이화의 교육열을 꺾지는 못했다. 피난지에서도 본교 최초의 학회지인 『교육연구』를 창간하고, 심지어 한국 사립대학 최초로 사범대학을 설립하기까지 했다. 물론 이화가 전시 중에도 쉼 없이 성장할 수 있었던 것은 '이화의 친구들Friends of Ewha'과 같이 끊임없이 구제품을 보내주는 외국 응원군들의 힘이 보태졌기 때문이기도 했다.

전쟁이 끝나고 1953년 8월 31일, 드디어 이화는 서울로 복귀했다. 그러나 돌아왔다는 감격도 잠시, 이화인들의 눈앞에 펼쳐진 것은 신촌 캠퍼스의 참혹한 모습이었다. 폭격으로 지붕이 날아가 앙상한 건물 내부가 다 들여다보이는 본관, 짓다 만 채 그대로 허물어져 내린 총장 공관과 과학관, 불타서 소실되어버린 가사 실습소……. 이렇게 곳곳이 파괴되고 훼손된 캠퍼스는 전쟁의 상흔을 고스란히 드러내고 있었다. 그러니 무엇보다 시급한 과제는 수업을 재개할 수 있도록 파괴된 건물과 시실을 복구하는 일이었다. 이화는 서둘러 각 건물의 수리와 신축 및 증축을 포함, 3단계에 걸친 재건 계획을 세우고 이를 순조롭게 진행해갔다. 과학관, 도서관(헬렌관), 학생관 등을 비롯해 4,000명을 수용할 수 있는 동양 최대의 대강당을 신축한 것도 이 시기의 일이었다.

이렇게 재건의 망치 소리가 하루도 그칠 날 없던 와중에도 교정 한편에서는 수업이 차질 없이 이루어지고 있었다. 그 덕분에 1954년에는 한국 최초로 석사학위를 획득한 대학원 졸업생 5명이 배출될 수 있었다. 교육 불균형이 여전한 현실에서 여성 학력의 수준이 절대적으로 낮았던 때임을 감안하면 이는 교육사에 일대 전환기를 이룬 기념비적 사건이 틀림없다. 그렇기에 이들의 졸업식은 좌절과 절망의 시기에도 중단 없는 교육을 향한 이화의 신념을 보여준 감동적인 현장이었다. 이처럼 캠퍼스를 복구하려는 이화인의 노력과 협심은 이 시기를 오히려 외관상의 변화와 더불어 학문적 발전을 이루어내는 의미 있는 계기로 만들었다.

그렇기에 1956년 5월 31일은 이화인들에게 더욱 뜻 깊은 날이었다. 국내외 귀빈을 초청한 가운데 열린 이날 창립 기념식에는 전교생이 흰 바탕에 푸른 배꽃과 'Ewha'라는 영자英字 무늬가 선명한 기념 한복을 입고 창립 70주년을 마음껏 축하하기 위해 모였다. 특별히 이 자리는 대강당 신축을 기념하는 자리이기도 했다. 45개의 계단 위에 우뚝 솟아 십자가를 부조시킨 대강당은 이화인들의 의식과 예배의 중심이자 이화 캠퍼스의 새로운 상징이 될 것이 분명했다. 대강당의 넓은 무대를 빛내기 위해 문리대 학

텐트 교사에서의 음악과 수업

부산 전시 교사 단독 개교(1951)

재건 시기의 이화 캠퍼스 전경(1955)

생 전원이 동원된 연극 〈춘향전〉이 나흘간이나 공연되는 등 그해 5월 이화의 메이데이 행사는 크고 작은 잔치와 더불어 서울 장안을 또 한 번 떠들썩하게 만들었다.

김활란 총장은 이날의 감격을 "우리가 시대를 따르기보다 시대가 우리를 따를 것이다"라는 말로 표현했다. 이러한 이화의 거침없는 행보는 고단한 피난살이와 전쟁 복구에 낙심하던 많은 사람들에게 그 자체로 희망의 증거가 아닐 수 없었다.

메이퀸,
인습과 전통 사이

창립 70주년 기념식의 가장 흥미로운 장면은 메이퀸 대관식이 거행되는 순간이었다. 이화의 명물로 손꼽히는 '메이퀸May Queen', 즉 5월의 여왕 대관식은 이화의 첫 번째 창립기념일 행사가 치러진 1908년에 시작되었다. 그 이후로 일제의 간섭, 정치적 혼란과 전쟁 등으로 중단과 재개를 번복해오다 1947년 이래 9년 만에 다시 그 화려한 면모를 드러낸 것이다.

이화학당 초창기 메이퀸은 본래 존경할 만한 스승이나 선배들 중에서 추대되었다. 학생들의 투표로 졸업반 학생 중에서 진·선·미, 이화정신을 대표하는 이를 선발하기 시작한 것은 1927년 이후의 일이다. 일반 미인대회와 달리 메이퀸의 자격에는 균

메이퀸 대관식(1928)

형 잡힌 몸매와 지성적인 용모뿐 아니라 품행과 성적, 신앙심 등이 중요한 기준으로 작용했다.

메이퀸 대관식의 절정은 전교생이 행진하여 도열한 가운데 하늘색 한복을 입은 여왕이 입장해 중앙에 놓인 의자에 앉으면 학생 대표가 푸른 잎과 꽃으로 엮은 화관을 여왕의 머리에 씌워주는 순간이다. 이때 전교생들은 'I crown you our Queen'이라는 합창을 하고 관중은 박수로 이 영광의 순간을 축복해준다.

메이퀸에 대한 세간의 관심을 반영하듯 여왕 대관식은 취재 열기로 뜨거웠다. 몰려드는 인파에 학교 당국은 속수무책이었다. 부산 피난 시절 어느 다방에서는 정체 모를 여인이 메이퀸이었음을 사칭하며 MQ라는 서명을 한 쪽지를 아무에게나 전하는 바람에 이미지가 손상된 일도 있었다는 일화는 메이퀸에 대한 대내외적 관심을 반증하고 있다.

그런데 메이퀸이 잡지의 커버걸cover girl로 등장할 만큼 대중적 관심을 고조시켰던 것과 달리, 학생들 사이에서는 점차 메이퀸 회의론이 일기 시작했다. 메이퀸을 이화의 전통으로 지속시키는 게 좋겠다는 긍정파가 있는 반면, 여성 인권을 모독하는 남성문화의 잔재로 시대에 역행하는 발상이라는 반대론도 등장했다. 게다가 과열된 관심 속에 상업화되는 경향까지 있다 보니 점점 부정적 의

창립 70주년 기념식(1956)

견에 힘이 실리게 되었다. 학생들의 호응도가 낮아지고 여론조사 결과 학생 다수가 메이퀸 제도 철폐를 원하는 것으로 나타나자, 학교 측에서는 이 같은 학생들의 의사를 존중해 1977년 대관식을 끝으로 메이퀸 선발을 중단하기로 결정했다.

비록 폐지되었지만 메이퀸 선발은 본래 교육받은 여성이 적은 상황에서 올바른 품성과 지성을 갖춘 모델을 제시하고자 하는 목적에서 시작되었다. 실제로 전문학교 시절 메이퀸들은 그 이름에 대한 책임감을 지니고 사회봉사의 뜻을 살려 교육계와 여성 운동에 평생을 바친 경우가 대부분이었다.

메이퀸이 쓰던 왕관은 이제 유물로만 남아 있다. 하지만 해마다 대중의 이목을 이화 캠퍼스로 집중시켰던 뜨겁고 화려한 축제의 기억만은 여전히 낡지 않은 유산으로 전해지고 있다.

파키스탄 사막을 밝히는 '다락방'의 불빛

1961년 11월 새벽, 파키스탄 카라치 국제공항 비행기 트랩을 내려서는 3명의 여성이 있었다. 조성자, 전재옥, 김은자, 이화여대를 갓 졸업한 앳된 젊은이들이었다. 그러나 이날 이들은 이화의 학생으로서가 아니라 엄연히 한국 기독교 역사상 최초로 파송된 해외 선교사 신분으로 역사적 사명을 수행하기 위해 첫 발을 내디뎠다. 1960년 7월에 예정되었던 출국 일정이 지연된 지 1년 3개월, 김포공항을 출발한 지 6일 만에 도착한 파키스탄에서, 설렘과 호기심, 두려움이 교차하는 상기된 표정으로 낯선 이국땅에 선 이들 앞에 만면에 웃음을 띠고 성큼 다가오는 이가 있었다. 파키스탄 카라치 교구의 주교였던 찬두 레이Chandu Ray 목사였다.

사실 이 감격적인 사건은 레이 목사가 이화여대 대학교회의 대부흥 소식을 전해 듣고 김활란 총장에게 선교사 파견을 직접 제안함으로써 성사될 수 있었다. 1960년 당시 이화는 대학교회와 금란전도협회를 중심으로 전도 사업과 부흥 운동을 활발하게 진행하고 있던 중이었다. 그리고 이들이 개최하는 부흥 전도회는 서울 시내 감리교계 학교들의 연합 부흥회로 연계되어 점차 연례화되면서 놀랄 만한 부흥의 역사를 써나가고 있었다.

본래 금란전도협회는 1953년경부터 몇몇 신앙의 동지들과 성경 읽기 모임을 지속해온 김활란 총장이 대학교회 내 장년부 성경 연구 모임을 이끌다가 이를 복음 전도와 교육 계몽운동을 위한 단체로 확대 · 발전시킨 형태였다.

금란전도협회는 모든 전도 사업을 자비로 진행하며 농촌 봉사, 무의촌 의료 전도에 힘썼고, 신앙의 내실을 기하기 위해 내부 신앙 강좌와 기도 그룹 운동 등도 꾸준히 전개했다. 1964년 7월에는 '다락방' 건립안이 마련되어 모임을 운영할 고유 공간이 확보되었고, 1966년에는 금란전도협회의 명칭도 '다락방전도협회'로 개칭되었다. 이 다락방전도협회는 이후에도 수많은 신앙의 지도자들을 길러내는 산실로서, 전국 복음화 운동이 태동하는 모체로서 한국 기독교 운동과 깊은 인연을 맺게 된다.

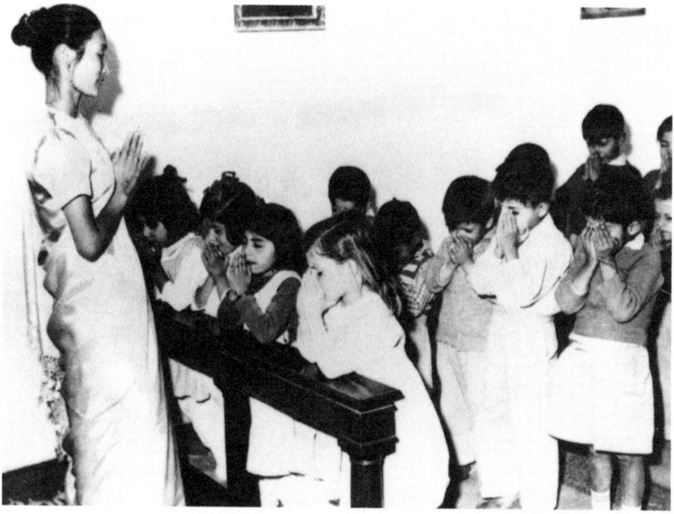

한국 최초로 파키스탄에 선교사로 파견된 이화 졸업생(1961)

1961년 파견된 파키스탄 선교사들은 퀘타Quetta 시 테레사 여고에서 열정적으로 교육과 선교에 헌신했다. 다락방전도협회와 대학교회는 파견 선교사들에게 1기 선교 사업이 종료되는 1973년까지 기도와 헌금을 통해 정신적 · 물질적 지원을 계속했다. 그리고 학생회에서도 선교사 활동에 깊은 애정을 갖고 지원했다. 학생회가 주도하여 학생회비의 일부를 선교사들에게 지원하고, 파키스탄에 분쟁이 발생할 때마다 채플에서 기도를 통해 정신적인 지원을 아끼지 않았다. 파키스탄 선교사 파견은 기독교 선교를 통해 세워진 이화가 이제는 복음의 씨앗을 발아하고 전파시키는 선교의 동역자로 성숙했음을 증언하는 일대 사건이라고 할 수 있다.

1960년대 이화 복음화 운동의 본산, 다락방(1965)

1979

V

이화의 발전기

이화 학풍의 진작

정문

후퇴 없는 전진,
계속적인 헌신

1961년은 이화여자대학교가 성장하는 과정에서 이화의 학풍이 쇄신되고 진작되는 전환기의 해로 기억될 만하다. 근대화의 길목에서 4 · 19와 5 · 16이라는 역사의 조류에 맞닥뜨린 한국 사회가 변혁의 파세 앞에 술링이는 상황에서 대학 또한 학교 밖에서 몰려온 변화의 역풍에 몸살을 앓던 때였다.

이화는 총장직에서 물러난 김활란 선생의 뒤를 이어 김옥길 선생을 총장으로 주대했다. 대학 교수의 정년을 60세로 제한한 '대학정비령'이 발표된 데 따른 반강제적 조치였다. 5 · 16 군사정부는 대학정비령의 독소조항들을 통해 대학을 통제하고자 하는 저의를 가시화했던 것이다. 그러나 김활란 총장은 갑작스런 소식을 전해 듣고도 당황하거나 심각한 내색 없이 "내 목이 잘렸구먼!" 한마디를 내뱉었을 뿐이다. 김 총장은 시대의 흐름을 앞서 읽고 이미 2년 전부터 사의를 표명해왔기 때문이다.

> 가장 아름다운 것은 앞으로 남아 있습니다. 그것을 위해서 맨 처음에 시작이 있었던 것입니다.

김활란 총장은 1961년 9월 30일 이임사에서 이화의 무궁한 앞날을 기원하는 마음을 담아 로버트 브라우닝의 시 한 구절을 남기고 물러났다. 언론 역시 김활란 총장의 퇴임을 앞다투어 보도하며 '세계의 헬렌 김'으로 통할 만큼 뛰어난 활약을 한 김 총장의 족적과 그의 '위축될 줄 모르는 기개'에 찬사를 보냈다.

김활란 선생은 이후에도 이화재단의 이사장으로 재미이화국제재단 설립 및 모금 운동을 위해 미국에 머물며 열정적으로 일했다. 그러나 그의 숙원이던 기독교 전도 사업에 여생을 바치며 헌신하던 중 갑작스런 뇌일혈로 쓰러져 1970년 2월 영면했다. 유언에 따라 장례식 대신 치러진 환송 예배에는 슬픈 송가 대신 베르디의 〈개선행진곡〉이 울려 퍼졌고 조사가 아닌 시가 낭독되었다. 모윤숙 시인이 노래했듯 그는 "몸소 일어나 무지로부터 이 나라

김옥길 총장 취임식(1961)

여성을 해방"하고 "암흑의 시대에서 영원한 이화를 낳은" 이화의 살아 있는 역사였다.

김활란 총장의 뒤를 이어 총장직을 맡게 된 김옥길 선생은 취임사에서 '후퇴 없는 전진과 계속적인 헌신'을 약속했다.

> 선장은 바뀌었어도 배는 그 배입니다. 지도도 그 지도요, 나침반도 그 나침반입니다. 이미 작정된 행선지는 여하한 일이 있어도 변경하지 않을 것입니다. 물결이 잔잔할 때에도, 풍랑이 심할 때에도 저는 이 배를 지켰습니다. 이 배와 운명을 같이 하겠습니다.

이화와 항로를 책임질 선장으로서 김옥길 총장은 담대한 전진을 공언한 뒤 자신의 트레이드 마크였던 '전도부인형 말똥머리'를 숏 커트로 자르고 흑백 한복 두루마기 주머니에 넣고 다니던 빈 손에 핸드백을 걸었다. 세간에서 기억하는 숏 커트 머리의 정결하고 단아한 이화 총장의 이미지는 이때부터 만들어진 것이다.

김옥길 총장은 취임 후 무엇보다 이화의 면모를 일신시켜 국제화에 부응하는 대학으로 만드는 데 총력을 기울였다. 그 일은 크게 두 가지 방향으로 진행되었다. 첫째는 세계적인 인식

이화 10년 발전계획 수립(1966)

의 지평을 넓히기 위해 국제 학술 교류를 활발히 추진하는 것이고, 둘째는 학문 연구의 진작과 학풍 정립을 위한 새 제도를 모색하는 일이었다. 이 두 가지 추진 방향은 '이화 10년 발전계획(1967~1976)'의 핵심 내용이기도 했다.

대표적 성과로 '아시아 지역 여자기독교대학협의회 제1차 총회'를 들 수 있다. 1972년 5월 23일부터 5월 31일까지 이화대학에서 개최된 이 국제회의에는 6개국 9개 여자 대학 총학장이 참석해 21세기 아시아 지역 여성 고등교육의 기능과 역할에 대한 논의를 진행했다. 그런데 이 회의는 단순히 여자 대학의 위상을 진단하고 당면 문제를 논의하는 모임만은 아니었다. 오히려 이 모임의 의의는 "세계인으로서 여성의 인간화를 위한 공동 연구"가 필요한 시대에 여자 대학끼리 결속과 연대를 다지는 중요한 기회가 되었다는 데 있다. 이밖에 교수 교환 제도와 국제 하기대학, 이화 · 연세 · 서강 3대학 대학원 학점교환제 등도 국제화와 학문 교류를 모색하고자 하는 이화의 적극적인 노력이 거둔 성과였다.

실험대학과
이화 학풍의 진작

이화를 국제적 면모를 갖춘 대학으로 키우기 위한 두 번째 조치는 이화 학풍 정립에 필요한 내적인 정비를 단행하는 것이었다. 그 제도적 방안으로 실시된 것이 바로 실험대학이다.

실험대학이란 계열별로 입학생들을 선발해 1년이나 2년 동안 교양과정으로 탐색 과목을 이수하게 한 후, 3학년에 진급하는 시점에 전공학과를 선택하게 하는 제도였다. 이것은 우리나라 대학들이 안고 있던 고질적인 문제들, 즉 학과 중심의 이기주의, 교양과 전공과목 사이의 불균형 등을 개선하고, 장래 진로에 대한 학생들의 선택권과 교수들의 연구할 권리를 보장해주는 등의 내용을 골자로 하는 제도였다. 당시 고등학교 3학년 학생들은 교사의 일방적인 지도와 간섭에 의해 적성과 능력에 맞지 않는 학과선택을 하는 경우가 대부분이었다. 학과들 역시 전공과목과 교양과목 안배에서 학생들을 배려하거나 이를 탄력적으로 운영하는 방안을 갖고 있지 못했다. 그러다 보니 학생들이 전공과목에 대한 불만으로 공부에 흥미를 느끼지 못하거나 전과를 희망하는 사례가 많이 발생했다.

그러나 학생들이 충분한 탐색 기간을 거쳐 진로와 적성에 알맞은 전공을 자율적으로 선택하게 되면 아무래도 학과 선택의 실패율을 감소시킬 수 있게 된다. 말하자면 실험대학은 입시 제도의 모순을 해소할 뿐 아니라 대학교육의 정체와 위기를 극복하고 정상화시키기 위한 대학의 자구책이었던 것이다. 문리대는 1973년부터 인문 · 사회과학 계열과 자연과학 계열로 나누어 신입생을 모집하고 전공과 부전공을 선택하도록 하는 복수전공제를 실시했다. 또한 학생들의 자율학습을 보장하고 이를 원활하게 운영하기 위해 이수 학점을 대폭 줄이는 방안을 실시했다.

그런데 이 같은 바람직한 취지에도 불구하고 실험대학 제도는 실행 과정에서 몇 가지 문제를 노출했다. 가장 극명하게 드러난 문제는 전공 선택 과정에서 몇몇 인기 있는 학과에 학생들이 편중 지원하여 야기되는 운영상의 불균형이었다. 문리대의 경우

영문과, 사회학과에 정원의 몇 배가 넘는 인원이 대량 집중되는 현상이 빚어졌다. 일각에서는 2년의 과정이 전공 지식을 익히고 숙련시키기에 턱없이 짧은 기간이라는 의견이 제기되기도 했다. 더불어 전공학과에 대한 소속감과 안정감이 결여되어 오히려 학습 분위기 조성을 저해한다는 학생들의 불만도 터져 나왔다. 교수들 역시 이에 대한 이해도가 낮았고 그들 중 상당수는 이 제도가 지나치게 급진적 개혁이거나 아직은 시기상조라는 입장을 보였다.

실험대학은 이 같은 난제들을 해소하는 데 꽤 오랜 시간 동안 진통을 겪어야 했다. 이후 계열별 모집 방식을 달리하는 등 변화를 꾀하면서 탄력적인 운영을 시도하기도 했으나, 결국 교수와 학생들의 목소리를 반영해 폐지하고 말았다.

실험대학 제도는 말 그대로 효율적인 학제 모색을 위한 '실험' 단계로 처음부터 성공적인 결과를 보장하지는 않았다. 상당 기간이 흐른 뒤에야 실험대학의 취지나 목적이 재평가되고 제도적인 합리성과 타당성이 인정되었기 때문이다. 그러나 어찌되었든 이 제도가 이 시기 학제 개편에 커다란 지각변동을 불러온 계기였음은 분명하다. 학생들이 자평했듯이 실험대학 이후 학문적으로 상당히 자유스러운 분위기가 형성된 것도 사실이다. 무엇보다 자유가 주는 모순 속에서 학생들 스스로 자신의 선택과 의지를 어떻게 활용해야 하는지 고민하게 된 것 또한 실험대학이 던져준 과제이자 성과라 할 수 있을 것이다.

역사의 물결에 이화의 이름으로 흘러

1960년 4 · 19 혁명에서 1965년 한일회담에 이르기까지 대학은 시대의 모순 앞에 가장 격렬하게 저항하는 투쟁의 진원지였다. 군사정권은 대학생들에 대한 통제를 강화하기 위해 특단의 조치를 취했다. 학생들의 자치활동을 강제로 정지시키고 학도호국단 체제로 바꾸어 학생들을 조직 편제 속에 편입시킨 것이다. 그러나 군사정부의 이 같은 조치는 학생들의 저항을 잠재우기는 커녕 항쟁의 불씨를 지피는 격이 되고 말았다.

이화에서도 민주화와 사회정의에 대한 학생들의 열망이 뜨겁게 분출되고 있었다. 민주화를 향한 이화인의 결기는 시위와 시국 토론회, 강연회와 연극 등을 통해 끊임없이 표출되었고 연일

캠퍼스는 젊은 함성으로 뒤덮였다.

이런 이화인의 열정이 뜨겁게 결집된 사건이 있었다. 1973년 11월 28일에 있었던 철야기도 농성이었다. 초겨울의 스산한 냉기와 조국을 향한 기도회의 열기가 뒤섞인 대강당에는 4,000여 명의 이화인이 모여 있었다. 초저녁부터 시작된 이날의 기도회는 그 밤이 꼬박 새도록 계속되었다. 찬송가와 〈선구자〉와 〈금관의 예수〉가 번갈아 불리는 가운데 이들은 정권의 학원 탄압을 강력히 성토하고 조국의 민주화를 뜨겁게 부르짖었다.

사건의 발단은 그날 낮 12시 30분 대강당 채플이 끝난 후부터였다. 강단에 오른 총학생회는 "8천 이화 학우들에게"라는 선언문을 낭독하고 학생들의 열렬한 박수 속에 학원 탄압 철폐 등 6개 항 결의문을 채택했다. 그리고 학생들은 곧이어 교문 밖으로 나가 가두시위를 시작했다. 상황은 급박하게 돌아갔다. 학생들이 경찰과 대치하면서 연좌시위를 감행하는 중에 다수의 부상자가 속출했다.

이때 김옥길 총장이 학생들의 맨 앞에 나섰다. 경찰의 최루탄 발사와 진압으로 부상자들이 늘어나자 김 총장은 학생들을 설득해 시위 행렬의 후미를 대강당으로 돌리게 했다. 그리고 그 시간 이후 학생들은 총학생회 주도로 대강당으로 집결해 대이화인 기

유신반대 데모대 선두에서 학생들을 보호하고 있는 김옥길 총장(1973)

도농성을 이어갔던 것이다.

이날의 대이화인 기도회를 통해 이화인은 한국 사회에서 이화대학의 위치와 사명이 무엇인가를 다시 한 번 돌이켜보면서 강한 결속감과 연대의식으로 영속적인 비전을 향해 나아갈 수 있게 되었다.

청년 문화와 낭만 시대

청바지, 통기타, 생맥주, 장발과 고고춤, 포크송과 미니스커트, 〈선데이 서울〉과 〈별들의 고향〉…… 모두 1970년대 청년문화의 아이콘들이다. 청년문화의 생산과 소비의 중심은 단연코 대학생들이었다. 대학생들은 젊은 세대의 보편적 정서와 감수성을 공유하는 가운데 대중음악과 소설, 영화를 향유하고 소비의 패턴과 유행을 창조했다. 최루탄 냄새 가득한 캠퍼스, 낮고 장중하게 깔리는 〈아침이슬〉의 음률 위로 세시봉C'est si bon 가수들의 포크송이 감성을 적셨고 대학가요제 대상곡 〈나 어떡해〉가 전파를 타고 흘러나왔다.

그럼에도 불구하고 청년문화에 대해 가장 신랄한 비판을 제기

한 집단 역시 대학생들이었다. 〈이대학보〉를 비롯한 대학언론들은 일제히 청년문화를 무분별한 외래문화 혹은 타락하고 퇴폐적인 소비문화로 규정하고 이를 대학문화와 동일시하는 시각에 대해 강한 거부감을 표했다. 그리고 탈춤이나 사물놀이 부흥 등을 통한 전통문화의 창조적 계승, 노래패, 민중극과 같은 반체제적 민중문화 운동 등을 진정한 대학문화로 제시했다.

그러나 '청년문화의 실체는 청바지를 입고 통기타를 치는 스타일에 존재하는 것이 아니라 건전한 저항의 정신에 있다'는 일각의 주장처럼, 청년문화에는 단순히 서구문화의 모방과 추종 혹은 일회성 유행으로 일축해버릴 수 없는 측면이 분명히 존재한다. 당시 청년문화는 통제와 획일성을 강요하는 정치 상황과 기성의 가치 · 인습에 대한 대항문화로서 해방과 자유라는 청년의 정신을 대변하고 있기 때문이다.

이화의 캠퍼스도 예외는 아니었다. 이화가 예부터 여성문화와 패션을 선도해왔던 만큼 이화인들은 유행의 리더로 주목받을 수밖에 없었다. 이화대학 앞에 양장점, 미용실, 화장품점처럼 유행에 민감한 업종 가게들이 유독 많이 모여 있었던 사실도 이와 무관하지 않을 것이다. 때문에 이대 입구는 '제2의 명동'이라 일컬어질 만큼 다양하고 화려한 상점들이 즐비하고 오고가는 인파로

1970년대 이화 캠퍼스를 누비던 학생들

거리는 항상 활기가 넘쳤다. 이를 두고 은근히 이화대학이 사치의 온상인 양 꼬집는 목소리도 있었으나 1970년대 청년문화의 기수 최인호는 다음과 같은 흥미로운 발언을 통해 이대생을 옹호한 적이 있다.

> 그녀들이 예뻐 보이는 것은 김 총장 말대로 그녀들이 젊기 때문에 그런 것이지 사치해서 그런 것은 아니다. 그녀들은 밝고 건강하고 식성이 좋으며(이대 앞에는 10원짜리 오징어튀김집이 성업 중이다) 잘 웃으며 그래서 누더기를 걸쳤다 해도 모두 근사하게 보였을 것이다.
>
> _〈한국일보〉, 1974. 5. 22

세간의 평가야 어찌되었든 이대생들은 벨 모양의 판타롱 바지를 입거나 미니스커트로 한껏 멋을 내고 긴 생머리를 휘날리며 캠퍼스를 활보했다. 그래서 이화대학 정문 이화교 위로 멋스런 차림새의 이화인들이 구름처럼 몰려나오는 풍경은 그 자체로 이화의 명물 풍경이 되었다. 또한 그 여학생 무리를 차마 헤치고 들어갈 수 없어 이화교를 건너지 못한 채 학교 앞 거리를 서성이는 남학생들의 모습은 이화가 금남禁男 아닌 금남의 집으로 오해받는 데 소문 하나를 더 얹는 꼴이 되었다.

이화대학 앞 거리는 이렇게 유행과 세태에 민감했지만, 한편으로는 에펠탑 사진이 걸려 있던 '빠리 다방', '아이네클라이네 명곡감상실' 등 한 가닥 낭만과 진솔한 온기를 전해주던 장소들이 변함없이 자리를 지키며 이화인의 추억을 매개해주고 있었다.

1979

1990

VI

이화의 도약기

이화의 르네상스

종합과학관 C동
Science Building C
분자생명과학기술원
Institute of Molecular Life Science
and Technology

종합과학관

학문하는 대학, 연구하는 대학

1979년 가을, 새 학기를 맞아 분주한 캠퍼스는 정의숙 신임총장을 맞는 설렘으로 술렁였다. 김옥길 총장이 전체 교수회의와 재단이사회를 통해 사의를 표명한 몇 달 후의 일이었다. 정의숙 총장은 1980년대를 향해 약신하는 이화호를 가동시키기에 더없는 적임자였다. 그는 이미 대학행정의 기본 단위인 학과장으로 기초행정체계를 경험해봤고, 오랫동안 대학원장으로서 중요한 학내행정의 경륜을 쌓았으며 각종 중요 행사의 위원장으로 실무를 익혀왔기 때문이다.

때는 오랜 군사독재 체제가 붕괴되고 사회적, 정치적 혼란이 가중되던 시기, 대학 역시 격심한 정치적 소용돌이에 휘말리고 있었다. 1980년 봄 서울 거리는 민주화의 열망에 가득한 청춘들의 피맺힌 외침으로 들끓었다. 두려움을 느낀 군부정권은 대학의 자율성을 제한하고 젊은 지성인의 손과 발을 제압하여 대학 사회의 힘을 축소시키기 위한 강제적 조치를 단행한다. 이른바 졸업정원제라는 것인데, 졸업정원제는 졸업 정원을 기준으로 일정 비율의 학생을 초과 모집하여 이들 가운데 성적이 나쁜 학생을 유급, 탈락시키는 제도였다. 이로 인해 각박한 경쟁 풍조가 만연해진 대학은 진리 추구라는 본연의 기능을 상실해가고 있었다.

과연 대학은 무엇을 할 것인가, 시대 앞에 어떤 모습이어야 하는가 하는 진지한 고민이 그 어느 때보다 요구되던 때였다. 이에 정의숙 총장은 '학문하는 대학, 연구하는 대학'으로서의 기치를 내걸었다. 이화가 1960~70년대 거친 파고를 역사와 전통이라는 버팀목에 의지해 헤쳐왔다면, 이제는 여성을 위한 대학에서 대학다운 대학으로 한 단계 도약하기 위해 이화의 내실을 기할 때라고 판단한 것이다.

학문하는 대학, 연구하는 대학을 지향한다는 것은 결국 대학생들의 학습 분위기를 조성하고 교수들의 연구 풍토를 갖춰 대학 본연의 기능을 되찾는 일에 다름 아닐 것이다. 이에 따라 교원 수를 늘려 우수 인력을 확보하고 교내 연구기관을 정비, 발전시

정의숙 총장 취임식(1979)

켜 연구 여건을 조성하는 데 힘썼다. 또한 대학원을 중심으로 특정 학문을 강화하는 데도 역점을 두었다. 이런 방안의 일환으로 1982년에는 대학원에 여성학과와 한국학과가 설치되어 이화 학풍 쇄신에 결정적인 기여를 했다.

한편 이 시기 캠퍼스에서는 건물 신축이 하루도 쉬지 않고 진행되어 이화의 면모를 크게 일신시켰다. 경영관, 종합과학관, 법정관, 중앙도서관 등의 신축과 음악대학, 동창회관의 증축과 같이 인프라 구축에 힘을 쓴 것은 공간 영역의 활용을 극대화해서 면학 분위기를 조성하고 학교행정의 효율성을 강화하기 위한 필수적인 조치였다.

학습 인프라 구축이라는 의미에서 정의숙 총장이 가장 중점을 둔 사업은 바로 중앙도서관의 건립이었다. 이를 위해 정 총장은 급격하게 늘어난 학생 수와 활용도를 고려해 우리나라 실정에 맞는 도서관 건축을 구상한 후 내부의 공간 배치와 의자와 책상의 크기에 이르기까지 전문가의 조언을 꼼꼼하게 받은 다음 설계를 의뢰했다. 또한 도서관 서고를 채우기 위해 5개년의 단계별 계획을 세우고 이를 차질없이 진행한 끝에 도서관 서고에는 100만 권의 장서가 안착, 배치될 수 있었다. 이렇게 해서 1984년 최첨단 시설과 효율적인 관리체계를 갖추어 도서관 건축의 성공적인 모

100주년 기념도서관 :

델로 인정받는 100주년 기념도서관이 준공되었다. 100주년 기념도서관은 아름다운 외관을 자랑하며 우거진 초목 숲으로 동산을 이룬 이화 언덕 위에 자리하여 지금도 그 위용을 자랑하고 있다.

여성들의
평생교육을 위한 약속

중년 여성들의 배움에 대한 열기가 높아가는 가운데 이화여대가 그들을 위해 평생교육기관으로서의 문을 활짝 열었다. 1984년 봄학기부터 주부, 사무직 여성, 그리고 근로 여성들을 위한 강의를 시작하는 것. 지금까지 주로 사회기관에서 담당해왔던 평생교육에 대학이 참여해 대학강의와 동등하게 수준을 높이고 임시적이고 즉흥적이 아닌 체계적이고 지속적 교육을 하게 된 셈이다. 또 젊은이들만을 위해 일정 기간 동안 교과과정을 마치게 되어 있던 대학교육이 나이와 기관에 관계없이 개방되어 간다는 점에서도 새로운 일이다.

_〈동아일보〉, 1983. 11. 28

1983년 당시 일간 신문이 앞다투어 보도한 대로 이화대학은 배움에 목마른 여성들이 평생토록 공부할 수 있는 학문의 장을 마련했다. 대학부설로는 최초로 이화대학에서 설립한 평생교육원이 1984년 봄학기부터 수강생을 맞게 된 것이다.

접수 창구는 배움에 목말랐거나 실무적인 교육을 더 원하는 주부 수강 신청자들로 성황을 이루었다. 특히 40명 정원인 영어 강의와 50명 정원인 심리학과 생활 강좌는 첫날 이미 정원이 차버릴 정도였고, 거의 모든 과정이 수강생을 다 수용할 수 없을 정도로 큰 호응을 받았다.

평생교육원을 설치한 기본 목적은 첫째, 여성들 스스로 충만한 삶을 살 수 있도록 지적, 문화적 수준을 높이고 둘째, 여성의 사회적 공헌도와 직업 수준을 향상시키며 셋째, 교육받은 여성의 수를 늘려 여성의 교육 수준을 높일 뿐 아니라 이들이 지역사회의 문제를 해결하는 데 기여할 수 있게 하겠다는 것이다. 그래서 교육과정 역시 이 목적에 부합할 수 있도록 교양교육, 직업교육, 봉사교육의 세 부분으로 나뉘어 진행되었다.

평생교육원의 수강생은 특별히 학력이나 연령 제한이 없었으며 과정을 마친 수강생들에게는 일정한 수료증이 부여되었다. 평생교육원의 첫 번째 수료식은 개원 1년 6개월 후인 1985년 8월

평생교육원 개설 당시의 강의실 모습

에 열렸는데, 이날 수료식에서는 유아교육행정직 36명과 교양교육강좌 부문 1명이 수료증을 받았다.

사실 평생대학은 정의숙 총장이 사회에 대한 사랑과 헌신이라는 이화정신을 부활시키며 내걸었던 취임 공약 가운데 하나였다. 정 총장은 취임사에서 7가지 당면과제를 제시하면서 평생교육원과 같은 새 기구를 창설하자는 제안을 한 바 있다. 여성들에게 더 넓은 교육의 기회를 제공하고, 현실성 있는 교육적 여건을 만들어줌으로써 삶의 차원을 고양시키는 데 이화가 앞장서겠다는 약속이었다.

사회를 향해 대학의 담을 낮추고 문을 활짝 열어젖히는 것, 이것이야말로 많은 이들의 사랑과 헌신으로 세워진 이화가 기꺼이 감당해야 하는 소명이었기 때문이다.

백 년의 꿈,
백 년의 보람,
백 년의 기쁨

창립 100주년을 맞이한 1986년 5월 한 달간, 대강당에서는 채플 때마다 이화 100주년 송가가 울려 퍼졌다.

> 우리 오늘 이화의 마당에 모여 찬미하노니
> 참되게 피는 꽃 향기는 온누리에 번져
> 홍토길 가시밭에도 사랑의 동산 이루었더라.
> 배움으로 빛을 얻은 자녀! 이제 보아라.
> 백년 동안의 소망을
> 백년 동안의 믿음을
> 백년 동안의 영광을

: 창립 100주년 기념식(1986)

아— 아—

이화의 이름으로 지켜 가리라.

"백년 동안의 꿈을, 백년 동안의 보람을, 백년 동안의 기쁨을 아— 아— 이화의 지성으로 영원케 하라." 모든 이화인은 뜨거운 긍지와 벅찬 환희로 100주년 송가를 가슴에 새겼다.

이화 100년은 곧 한국 근대사가 관통해온 기나긴 여정이며 한국 여성사의 궤적이었다. 정의숙 총장이 기념사에서 강조했듯이 이화 100년은 "여성의 인격화를 위한 역사"이며 "인간의 가능성을 보여준 실증"의 세월이었던 것이다. 이날 이화인은 이화 1세기 동안 면면히 이어져 내려온 이화정신을 되새기는 동시에 이화의 역사에 녹아 있는 많은 이들의 헌신과 협력을 상기하고자 했다. 그렇기에 100주년 기념식은 이화인에게 전통에 대한 자긍심과 이웃에 대한 감사, 그리고 미래에 대한 희망이 어우러진 새로운 결단의 시간이었다.

이화 100년이 이화만의 역사일 수 없듯이 100주년 기념행사 또한 이화만의 잔치는 아니었다. 많은 대내외 인사들이 이화의 영광을 기리는 데 기꺼이 동참했고 이에 대해 이화는 명예박사학위와 감사패 수여로 화답했다. 또한 기념사업, 학술행사 등의 다

채로운 기념행사들이 기획되었는데 특별히 체신부와 합의해 여성 신교육 100주년 기념우표 발행을 추진한 점은 특기할 만하다. 이 우표는 여성 교육과 근대화에 기여한 이화의 공로를 국가적 차원에서 기념하고 인정한다는 의미를 담고 있기 때문이다.

100년의 역사를 마무리하는 화려한 축제의 현장을 뒤로하고 이화는 다시 출발선에 서서 정비를 단행했다. 학교 규모가 두 배로 커지고 정치 · 경제 · 사회 면에서 비약적인 변화가 있었던 1980년대 후반 이화의 교육 내용과 방향은 분명히 새로운 국면을 필요로 하고 있었다. 새로운 21세기를 대비해 학교 측에서는 '이화발전연구위원회'를 설치하고 '이화종합발전계획'에 착수했다. 바야흐로 이화 100년 역사의 웅위함을 뒤로하고 그 의미를 성찰하면서 이화 2세기를 위한 찬란한 비상을 준비해야 하는 시점이었다.

대동제의 진풍경 '영산줄다리기'

100주년 기념일을 맞아 학생들은 "이화, 너 백년의 역사를 보듬고 민족 민주의 함성으로 깨어나라"는 외침과 더불어 민족민주대동제를 개최했다. 학생들은 대동제 기간 동안 단대별, 동아리별로 연극 공연, 음악 공연, 작품 전시회, 체육 행사 등 다양한 문화 활동을 주관했다. 교내 곳곳에서 지신밟기와 고사굿, 민주굿, 거리굿판을 벌였고 줄다리기와 횃불의식을 통해 이화의 대동단결이 민주화를 위한 열기로 이어지기를 염원했다.

무엇보다 100주년 기념 대동제는 1년 전 발족한 총학생회 주관으로 치른 행사였다는 데 의의가 있다. 알려졌다시피 그 이전에는 학생 조직이 비민주적이고 하향적인 학도호국단 체제로 편성되어 있었기에 5월 축제도 타율적으로 진행되는 경향이 있었기 때문이다.

학도호국단은 1949년 어지러운 국정 상황에 맞춰 학생들을 효율적으로 통제하기 위해 설립한 조직으로, 1960년 4월 혁명 이후에 학생회 체제로 전환되었다가 유신정권하에서 다시 학생대표기구 역할을 맡게 된다. 그러나 1983년 정부의 학원 자율화 행로에 맞춰 학생들은 학생활동을 제한하고 위축시키는 기구로 변질된 학도호국단을 해체하고 학생회를 부활시키려는 움직임을 보였다. 이에 따라 이화에서는 1985년 17대 총학생회가 정식으로 발족되었다. 학생들은 73.4퍼센트라는 높은 투표율과 50퍼센트 이상의 지지율로 새로운 학생회장단에 힘을 실어주며, 총학생회가 진정한 학생 대표기구로 거듭나기 바라는 마음을 피력했다. 총학생회 출범으로 학생 조직은 각종 집행부서와, 분과, 전문기구를 설치하며 독자성을 찾아갔고, 점차 학생들의 실질적인 필요에 관심을 기울이고 학생들의 생생한 목소리를 담아내기 시작했다.

총학생회 출범 이후 가장 눈에 띄는 변화는 동아리 활동이 활성화되고 축제의 자율성이 추구되었다는 점일 것이다. '대동제'라는 명칭 변화에서도 알 수 있듯 총학생회는 5월 봄 축제를 자

학생 축제의 대명사, 대동제 :

대동제의 백미, 영산줄다리기 :

율적이고 창조적인 대동大同의 장이 되도록 기획했다. 축제 형식도 이전의 귀족적이고 소비적인 형태에서 벗어나 길놀이, 풍물패 공연, 줄다리기 등 전통적인 동제洞祭 형식을 재현하고 마당극, 촌극, 판굿, 지신밟기 등의 질펀한 놀이마당을 펼치는 쪽으로 변화했다.

이 가운데서도 마지막 날에 선보이는 '영산줄다리기'는 대동제의 백미라 할 수 있다. 예로부터 경남 영산 지방에서 전승되던 향토놀이인 영산줄다리기가 수천 명의 학생들이 운집한 이화의 운동장에서 재현되는 광경은 그야말로 진풍경이 아닐 수 없었다. 대동제 며칠 전 발대식과 고사를 거쳐 모두가 한마음으로 줄다리기에 쓰일 줄 꼬기를 하면서부터 이미 흥이 돋기 시작한다. 그리고 대동제 마지막 날, 몰려든 학생들의 응원가와 환호 속에 수백 명이 호흡을 맞춰 줄다리기를 시작하면 축제의 흥분은 최고조에 이른다. 놀이의 끝도 승부에 관계없이 한바탕 춤추고 소리 지르며 자연스럽게 어우러지다 횃불 행진과 같은 뒤풀이로 이어지게 마련이다. 이 영산줄다리기는 지금 다른 대학에서 모두 자취를 감췄지만 이화에서만은 건재하며, 2005년 처음 등장한 '강강술래'와 함께 대동제의 핵심적인 행사가 되고 있다.

이처럼 이화의 대동제는 전통문화를 계승하는 동시에 시대의 변화를 반영하며 매년 다채롭게 구성되어왔다. 그 결과 이화의 대동제는 외부의 스폰서나 대중 연예인의 참여 없이도 이화인 스스로 신명나게 즐기는 놀이판이 될 수 있었다. 대동제는 학생들이 이화공동체의 일원으로 이화의 미래를 위해 한 방향을 바라보고 같은 꿈을 꾸면서 정체성과 소속감, 연대와 결속을 다지는 계기가 되었던 것이다.

100주년 대동제에 울려 퍼지는 이화인의 함성 가운데 21세기를 향한 이화의 꿈과 도전도 영글어가고 있었다.

1990s

현재

Ⅶ
이화 21세기

글로벌 이화의

꿈과 도전

ECC

21세기 이화인상

1990년대 한국 사회는 정치 · 경제 · 사회 · 문화는 물론이고 삶의 양식 전반에 이르기까지 총체적이고 전면적인 변혁의 시대를 통과하고 있었다. 바야흐로 21세기를 목전에 둔 시기, 국가 간 장벽이 제거되고 모든 자원이 이동하고 통합되는 이른바 '국경 없는 세계'를 창출해가던 시기였다.

이화 캠퍼스에도 변혁의 기운이 싹트던 1990년 9월, 이화는 최초로 직선제를 통해 선출된 10대 윤후정 총장을 맞이하게 된다. 학문적 절조와 자존심을 잃지 않는 실천적 지식인이자 양심적 지성인으로서 윤후정 총장이 그려온 삶의 궤적은 그가 이화의 선봉에 서서 이화의 미래를 민주주의적인 변혁으로 올곧게 이끌어갈 것이란 기대를 높이기에 충분했다.

새 총장 체제하에서 세계화 시대를 맞이한 이화의 우선과제는 두 가지로 설정되었다. 첫째, 학문하는 대학으로서 질적 성장을 이룰 것, 둘째, 세계화라는 전지구적 화두에 응답하는 이화만의 길을 모색할 것. 윤후정 총장은 취임 직후 '이화 21세기 발전기획위원회'와 '대학발전위원회'와 같은 거교적인 조직체를 연이어 발족해 이화 21세기를 위한 청사진을 구상하기 시작했다. 또 '이화 21세기 발전계획'을 수립하고 세계 명문대학으로 도약하기 위한 100대 실천과제를 제시함으로써, 마스터플랜을 위한 밑그림들을 구체적으로 그려나가기 시작했다.

이 같은 이화의 21세기 좌표와 마스터플랜은 창립 108주년을 맞이한 1994년 5월 28일, KBS에서 방영된 〈이화 21세기 재도약 대축연〉을 통해 전국에 공표되었다. 이 자리에서 윤후정 총장은 국제 경쟁력을 갖춘 전문 여성 인력 양성을 이화의 21세기 비전으로 제시하고 이에 부합하는 21세기 이화인상으로 '통합여성상'을 주창했다.

'통합여성상integrated woman'은 의식과 가치 및 능력과 기능 면에서 남녀의 구분을 초월해 정치와 역사에 능동적, 주체적으로 참여하고 인간 본연의 역할을 수행하는 여성을 의미한다. 구체적으

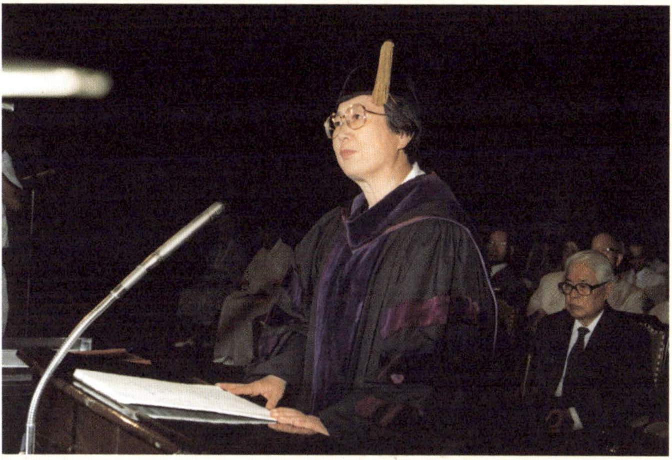

윤후정 총장 취임식(1990) :

이화 21세기 재도약 대축연(1994) :

로는, 첫째, 실력과 덕성을 겸비한 재승후덕한 여성, 둘째, 전인적 여성, 셋째, 국제화 시대에 대응하는 창조적 · 전문적 여성, 넷째, 사회의 갈등을 치유하는 '민족과 역사의 어머니'로서의 여성이다.

이 통합여성론은 진 · 선 · 미라는 전통적인 이화정신의 정수를 보존하는 동시에 덕성과 능력을 두루 갖춘 새 시대의 이화상을 구현한 모델이 필요하다는 판단에 따라 다시 강조한 것으로, 서로의 다름을 인정하고 수용하는 다원적 통합론이면서 동시에 세계화 시대에 알맞은 인간화 전략에 해당한다고 할 수 있을 것이다. 윤후정 총장이 제시한 통합여성상은 이후 이화 발전의 큰 방향이 되었다.

경계를 넘어
세계 여성의 인간화를 꿈꾸며

이화는 그동안 한국 여성학의 구심점이자 발상지로서 한국 여성의 인간화를 위한 선구자적 사명을 기꺼이 감당해왔다. '여성의 인간화'라는 이화의 창립 이념에는 억압과 불평등에서 오랫동안 고통받았던 여성의 비극적인 삶에 대한 연민과 극복 의지가 담겨 있다.

이화는 1977년 여성학을 정규과목으로 채택한 이래 대학원에 여성학 석 · 박사과정을 차례로 설치해 학문적 차원에서 여성학을 일반화, 체계화하고 여성학이 다른 학문과의 학제 간 연구를 통해 한 차원 높은 학문으로 발전할 수 있도록 하는 데 기여했다.

학부 교양과목이던 여성학 수업은 여성과 문학, 여성과 역사

한국 최초로 여성학 강좌 개설(1977)

등의 다양한 주제 아래 팀 티칭과 토의, 촌극, 인터뷰 등의 다양한 형식을 도입한 매우 신선한 수업이었다. 그 때문에 여성학 수업은 학생들 사이에서 인기 강좌로 입소문이 났고, 이 과목 수강 신청을 하기 위해 오전 5시부터 학생들이 줄을 서서 기다렸다는 일화는 당시 일간지에 실렸을 정도로 유명하다. 이런 시도 덕분에 이화의 학생들은 여성학을 통해 자연스럽게 자신의 정체성을 고민하고 남녀 불평등을 넘어 사회제도의 구조적 모순에 시선을 옮길 수 있게 되었다. 여성학 공부는 학생들에게 자신의 안위를 넘어 전체 여성의 삶을 고민하고 돌보아야 한다는 사회적 책임감을 상기시켰다. 이는 곧 이화가 여자 대학으로서 존립하는 이유를 재확인할 수 있는 기회를 제공했다.

뿐만 아니라 이화는 1977년 여성연구소를 발족, 1995년에는 이를 한국여성연구원으로 개편하고 아시아여성학센터를 설립하면서 그 기능을 강화했다. 이화여대 한국여성연구소에서 발간한 『한국여성사』, 『한국여성관계자료집』 및 여성 관련 문헌들을 통해 여성사 연구가 개화했다면, 한국여성연구원은 『한국여성사자료집 조선왕조실록』 간행 사업을 추진해 여성사 연구가 만개하도록 하는 데 크게 공헌했다. 국내외 대학과 연구소의 수많은 사람들이 한국여성연구원을 찾아와 함께 새로운 사업들을 기획하고 추진하느라 연구원의 낡은 나무계단은 쉴 새 없이 삐거덕거렸다. 한국여성연구원은 그야말로 한국 여성학의 모태이자 세계적인 여성 연구의 산실 역할을 톡톡히 해냈던 것이다.

이화는 한국에 여성학이라는 새로운 학문 분야를 개척하고, 새로운 연구 담론들을 이끌어내며 학문으로서의 여성학과 여성 연구, 여성 운동을 주도해왔다. 그리고 세계적 수준의 연구 성과를 내는 수많은 여성학 연구자들을 배출하며 한국 여성 교육의 새로운 지평을 열어왔다. 또한 한국을 넘어 아시아의 여성학자들과 여성주의 연대를 이루고 학문공동체를 만들어가며 여성학의 국제화를 시도하고 있다. 여성들이 역사의 주체로서 시대적 사명과 책임을 다하며 양성 평등시대를 열어가야 하는 21세기 여성의 시대에, 이화의 여성학은 여성 개발, 여성 복지, 여성 인권의 시대를 선도하며 개척과 창조의 여정을 이어가고 있다.

실제로 신인령 총장 시절에는 이화 캠퍼스가 여성학의 메카답게 전 세계 학자들이 모인 작은 지구촌으로 변신한 일이 있었다. 2005년 6월에 제9차 세계여성학대회[WW05]가 이화에서 열린 것이다. 전 세계 100여 개국 3,000여 명의 여성학자들이 참여한 이 대회는 이화를 주 무대로 연세대와 서강대까지 합해 6일간 신촌 일대를 들썩이게 하며 아시아 최초이자 역대 최대 규모를 자랑했

제9차 세계여성학대회(2005)

다. 대회 조직위원장을 맡았던 장필화 교수의 말처럼 그야말로 "한국 사회 및 한국 여성들의 위상과 사회 · 문화적 역량을 과시할 수 있는 절호의 기회"가 아닐 수 없었다.

2006년 이화는 그동안 맺어온 결실을 세상에 되돌려줄 수 있는 계획을 세워 실천에 옮긴다. 이른바 '이화 글로벌 파트너십 프로젝트Ewha Global Partnership Project', 약칭 'EGPP'로 불리는 이 계획은 개발도상국을 포함한 제3세계 여성 인재 120명을 선발해 등록금과 생활비, 어학연수비 일체를 지원하고 이화의 학부 및 대학원 교육을 제공하는 프로그램이다. 이 프로젝트를 추진한 첫해에만 베트남, 아프가니스탄, 캄보디아, 모잠비크, 케냐 등 아시아 및 아프리카의 15개국에서 박사 3명, 석사 8명, 학부 13명 등 24명이 최종 선발되어 국내외의 큰 관심을 받았다. 이들은 모두 저마다의 꿈을 안고 지구 반대편의 낯선 나라 한국에 모여들었다. 아프리카 모잠비크 출신의 우띠 나디아는 "건축학을 배워 내전으로 건물이 파괴된 고국에 튼튼한 집과 다리를 짓겠다"는 꿈을 펼쳐 보였고, 아프카니스탄에서 온 라솔리 자하라는 "여성과 인권을 공부해 아프카니스탄 최초의 여성 대통령이 되고 싶다"는 포부를 밝히기도 했다.

이 프로젝트는 120년 전 미지의 땅 조선에서 여성 교육을 시작

이화 창립 120주년 기념 'EGPP Welcoming Festival'(2006)

EGPP 프로그램에 참여한 다양한 국적의 학생들

한 창립자 스크랜튼 선생의 뜻을 기리고, 이화가 축적해온 교육 역량을 세계 여성들에게 환원한다는 의미를 지니고 있었다. '글로벌 파트너십 프로젝트'라는 명칭에서 드러나듯, 여기에는 일방적 시혜가 아니라 세계 여성들과 어깨를 겯고 조화롭게 상생하고 협력하려는 이화의 의지가 담겨 있다. 또한 전 세계 여성 교육의 허브 역할을 자임하며 세계 여성의 인간화를 꿈꾸는 이화의 비전이 세상과 접속하기 시작했다는 의미이기도 하다.

이화의 21세기 비전이 새 시대에 걸맞은 역동적 여성지도자 양성에 맞춰져 있는 만큼 이화는 이를 위해 전통을 쇄신하는 일에서도 과감한 결단력을 보였다. 그 가운데 하나가 금혼학칙 폐지였다. 1946년경 이화는 학칙 제5장 제14조를 통해 이화인의 입학 자격을 '미혼여자라야 한다'고 규정하고 입학과 재학 중 결혼을 불허하는 불문규정을 적용해왔다. 구태여 학칙을 들추지 않아도 결혼한 학생이 이화여대에 다닐 수 없다는 것은 널리 알려진 사실이었다. 이 조항은 본래 19세기 말과 20세기 초 결혼을 이유로 학업을 중단하는 폐단을 방지하고 열악한 교육 환경에서 여성의 학습권을 최대한 보장하기 위한 필수불가결한 조치였다. 그럼에도 불구하고 금혼조항은 명문화된 이래 늘상 찬반양론에 시달려 왔고 마침내 2003년 학칙에서 삭제되기에 이른다.

금혼학칙 폐지로 재입학한 만학도(2003)

이에 따라 금혼조항으로 제적되었던 30대 후반부터 70대까지 20여 명의 만학도들이 복학을 할 수 있게 되었다. 낯선 길과 건물 사이에서 수차례 헤맨 끝에 지름길을 발견하고, 신조어가 난무하는 후배들의 토론에 말문이 막히고, 컴퓨터 사용에 익숙지 않아 어렵게 쓴 리포트를 한순간에 날려 울고 말았다는 이 왕언니들의 좌충우돌 캠퍼스 생활에 언론과 대중의 시선이 집중되기도 했다.

이화 지성,
특성화와 전문화로

"석사과정생, 논문이 〈사이언스〉 誌에 '!' _〈경향신문〉, 2003. 2. 16

"국내 박사과정 대학원생, 〈네이처 머티리얼스〉에 '광자결정 액정 이종접합계에 기초한 전기-가변 광다이오드'의 제1저자로 등재" _〈한겨레〉, 2005. 4. 24

"국내 석사과정 대학원생, 〈네이처〉에 '퍼록시리독신에 의한 혈소판 유도성장 인자 신호전달 및 혈관 리모델링의 조절'의 제1저자로 등재." _〈한겨레〉, 2005. 5. 19

2000년대 전반, 몇 차례에 걸쳐 일간 신문들은 석·박사과정 학생들이 과학 분야에서 이루어낸 학문적 성과들을 보도하면서 연이어 개가를 올린 학생들이 모두 이화여대 대학원생들이라는 점에 주목한다. 그러나 이들이 거둔 눈부신 성과는 이화가 세계적 명문 대학이라는 방향을 설정하고 과학 분야에 집중해온 결과로서, 이미 10여 년 전에 뿌려놓은 씨앗이 이제 막 발화하기 시작한 것에 불과했다.

1996년 이화가 세계 여자 대학 최초로 공과대학을 창설한 것도 우연이 아니었다. 공과대학 설립과 관련해 일각에서는 학교 재정상황이나 사회적 여건 등을 고려할 때 시기상조라는 분석을 내놓았다. 그러나 당시 윤후정 총장은 "여성이라고 해서 못 할 일이 있는 것은 아니다"라는 지론을 지렛대 삼아 공과대학 설립을 뚝심 있게 추진해갔다. 여성이 한층 전문화되고 세계화된 지식을 갖지 못하면 글로벌한 경쟁 대열에서 낙오할 수 있다는 점, 여자 대학의 한계를 넘어 균형 잡힌 종합대학교로서의 성격을 갖추기 위해서는 오히려 과학 분야에 집중할 필요가 있다는 점을 예견했던 것이다.

이후에도 이화는 생명과학과 정보통신, 국제통상 분야를 집중 육성하는 전략을 구체화해갔다. 특히 생명과학 분야에 대한 과감한 투자를 아끼지 않았는데 이 분야의 특성인 섬세성, 창조성, 생명 친화성 등이 여성의 특성과 부합하는 만큼 이화가 분명히 경

여자 대학으로는 세계 최초로 설립된 공과대학(1996)

쟁력이 있다고 판단했기 때문이었다.

여성의 장점을 특성화해서 선도적인 연구 중심 대학으로 도약하려는 이화의 의지는 전문대학원과 특수대학원의 신설, 확대를 통해 가속화되었다. 특히 장상 총장 시절에는 전문·특수대학원 수가 대폭 증가해, 국제 전문인력 양성을 목표로 개원한 국제대학원과 통역번역대학원, 여자 대학 최초로 신설된 신학대학원과 정책과학대학원 등이 설치됐다. 그 이후에도 의학전문대학원과 경영전문대학원, 법학전문대학원 등 다양한 전문대학원이 지속적으로 생겨나 연구 체제를 강화하는 데 기여했다.

이런 과정을 거쳐 1998년에는 분자생명과학부가 출범하고 생명과학기술원이 신설되었으며 생명과학 분야의 세계적 석학인 이서구 박사가 장상 총장의 획기적 제안과 전폭적인 지원 약속을 받아들여 이화의 석좌교수로 옮겨왔다. 그를 중심으로 한 분자생명과학부의 눈부신 성장을 동력 삼아 2003년에는 나노과학부가 신설되고 한국과학기술연구원 출신의 손연수 교수와 세계적 화학자인 서울대학교의 최진호 교수가 석좌교수로 초빙되었다.

재미있는 것은 이화가 과학 분야에서 세계적인 성과를 보이자 언론이 나서서 그 비결이 무엇인지를 분석하기 시작했다는 점이다. 한 신문은 학교 측의 말을 빌려 그 비결을 분자생명과학부와

세포신호전달 연구센터 설립(1998)

스크랜튼대학 설립(2007)

나노과학부의 '개방과 집중'이라는 독특한 운영방식에서 찾았다(《한겨레》, 2005. 5. 20). 분자생명과학부의 경우, 한 건물에 모든 연구 인력과 장비가 집중되어 있다는 것이 특징이다. 2004년 완공된 지하 2층, 지상 5층 건물은 매 층마다 200여 평 공간이 다 트여 있다. 실험실 간 벽도 없으며 가운데 핵심 설비를 모아놓고 20명의 교수가 공동으로 사용한다. 그러다 보니 자연스레 수시로 모여 세미나를 하게 될 기회가 많아지는 것이다. 집중 연구의 성과는 그대로 논문 수로 드러나고 세계적 학술지에 대학원생의 이름이 주저자로 등재되는 결과로 이어졌다.

2008년에는 공과대학의 두 번째 연구 교육 공간인 지하 3층, 지상 5층에 연면적 3,200여 평 규모의 신공학관이 완공되어 공학 교육환경 인프라가 강화되었다. 이배용 총장 시절에는 국내 최초로 자유전공학부를 도입한 스크랜튼대학이 설립되어 다학제적이고 융합적인 전공 교육이 이루어졌고, 모든 강의를 영어로 실시하여 교육의 전문화를 시도했다.

글로벌 타임,
글로벌 스페이스

이화여대 2학년에 재학 중인 A양은 강의실로 향하는 길에 스마트폰의 학교 애플리케이션application을 통해 강의 공지사항을 미리 확인한다. 대형 강의실에 들어서면서 다기능카드 바코드 입력으로 출석 여부를 확인한다. 수업 시간엔 태블릿 PC에 강의 노트를 다운받아 그곳에 직접 수업 내용을 입력하고 저장한다. 과제에 필요한 학술논문을 찾기 위해 도서관 홈페이지에 접속한 후 다양한 학술정보를 검색하고 자료를 수집한다. 그리고 이화포털정보시스템EPIS을 통해 학사 및 행정과 관련한 모든 일을 한자리에 앉아 처리한다.

이처럼 지금 이화의 캠퍼스에는 불과 몇 년 전만 해도 상상할 수 없었던 풍경이 펼쳐지고 있다. 이화가 1990년대부터 추진해 온 일련의 첨단 시스템 사업은 이화의 시간과 공간 구조를 미래형으로 바꾸어놓았다. 타 학교보다 앞서 이화는 1990년대에 이미 학교와 구성원 전체를 하나의 통합된 정보망으로 연결해 첨단의 e-캠퍼스를 만드는 프로젝트를 진행하기 시작했다. 이화종합정보시스템ETIS과 종합전산망 이화넷, 이화넷 기가비트 초고속망, 'EPIS' 즉 이화포탈정보시스템Ewha Portal Information System 등이 그 핵심이다.

1990년대 이후 이화의 캠퍼스에는 졸업생들과 재입학생들이 건물들 사이에서 길을 잃었다고 할 정도로 최첨단 기능을 갖춘 신축 건물들이 여기저기서 그 위용을 드러내기 시작했다. 그 가운데 2005년 기공하여 2008년 준공된 이화캠퍼스복합단지Ewha Campus Complex, 약칭 ECC는 이화의 야심찬 기획의 결정체로서 이화인의 미래가 펼쳐지는 새로움과 가능성의 공간이라 할 수 있다. 프랑스 건축가 도미니크 페로Dominique Perrault가 설계한 ECC는 연면적 2만 평, 지하 6층 규모의 최첨단 멀티 기능을 갖춘 국내 최대 규모의 지중地中 건물로서 130여 개의 높은 계단과 맞닿아 있는 가운데 부분이 마치 계곡처럼 중앙광장으로 길게 이어지면서 서서히 내려가는 대로형 광장 형태를 보이고 있다.

ECC 전경과 내부 열람실

무엇보다 ECC는 세계 선진 대학들이 추진하는 '학습공동체 Learning Community'라는 메가트렌드를 반영하고 있다는 점에서 주목을 받고 있다. 학생들은 이곳 강의실에서 수업을 듣고 곳곳에 놓여 있는 책상에서 학습과 토론을 하며 식사, 운동, 샤워와 같은 일상생활과 영화와 공연 등의 문화생활을 즐길 수 있다. 이 모든 것이 한 건물 안에서 이루어짐으로써 생활과 학습, 문화를 하나로 잇는 원-스톱 캠퍼스 라이프를 현실화하고 있는 것이다. ECC는 이화인의 글로벌 경쟁력을 키워줄 최첨단 멀티캠퍼스이자 미래형 교육 공간으로 기능하며 학생들의 캠퍼스 생활을 한 단계 끌어올렸다고 할 수 있다.

이처럼 이화인들은 19세기의 역사적 공간과 21세기적 첨단 건축물이 함께 어우러진 이화 교정을 거닐면서 현재가 역사를 소환하는 현장을 지켜보며 과거와 미래가 의미 있게 접촉하는 글로벌한 시공간을 체험할 수 있게 된 것이다.

한편으로 글로벌 캠퍼스 구축을 위해 이화는 오래전부터 전방위적 네트워크를 구성하고 시스템을 개방하는 방안을 추진해왔다. 이화가 운영해온 교환학생 프로그램 역시 이화 네트워크의 저력을 확인시켜주는 지표가 될 수 있을 것이다. 이화는 교환학생 프로그램을 통해 학생들을 외국의 유수한 대학으로 보내 공부

미국 힐러리 클린턴 국무장관 방문(2009) :

시킴으로써 일찌감치 국제화를 도모해왔다. 1990년대 들어 교환학생 수가 비약적으로 증가했던 사실을 통해서도 알 수 있듯 이화의 학생들은 일찍부터 국제적 안목과 실력을 갖추고 국제무대에 진입할 준비를 해왔다. 현재도 매년 1,500여 명 이상의 학생들이 미국, 영국, 캐나다, 호주, 일본, 독일, 중국 등 전 세계 곳곳으로 파견되어 이화의 이름을 알리고 있다.

2000년대 들어 유독 잦았던 해외 인사들의 이화 방문 또한 이화의 적극적인 개방과 교류의 산물이라 할 수 있다. 엘리자베스 여왕 2세, 침팬지 전문가로 알려진 동물학자 제인 구달, 캐슬린 스티븐스 주한 미국대사, 미첼 바첼렛 칠레 대통령, 힐러리 클린턴 미국 국무장관, 앙겔라 메르켈 독일 총리, 잉락 친나왓 태국 총리, 스웨덴 실비아 왕비, 드류 길핀 파우스트 하버드대 총장, 할로넨 핀란드 전 대통령 등 그간 이화를 다녀간 세계적 여성 리더들의 면면도 화려하기 이를 데 없다. 이들은 모두 이화의 교육환경과 캠퍼스의 아름다움에 엄지손가락을 치켜들었다. 그리고 한국의 미래를 이끌어갈 잠재적인 리더인 이화 학생들에게 깊은 관심을 표했다.

특별히 이화는 힐러리 클린턴 미국 국무장관과 하버드대 최초의 여성 총장인 드류 길핀 파우스트 총장에게 '명예이화인상'

앙겔라 메르켈 독일 총리 명예박사학위 수여(2010)

을 수여했다. '명예이화인'은 여성의 인권과 권익 향상에 기여하며 대내외적으로 탁월한 업적을 쌓은 자로, 본교 출신이 아닌 사람 중 선정하게 된다. 세계의 여성 리더로서 이들이 보여준 행보는 이화의 설립정신과 일맥상통하는 바, 이 상은 이화인의 가슴에 포부와 도전정신을 되새겨준 그들에 대한 이화의 환대와 연대감을 표현한 것이다. 해외 인사의 방문이 이화의 글로벌 이미지를 제고하고 학교의 위상을 강화시킬 것이라 기대하는 것도 이런 까닭에서이다.

변화가 시작되는 곳, 이화
: 글로벌 여성 교육의 허브

2010년 취임한 김선욱 총장은 이화의 위대한 유산에 대한 책임감과 부담감을 동반자 삼아 이화를 '사회에 푯대를 제시하는 열린 학문공동체'로 이끌겠다는 출사표를 던졌다. 이 시대에 구현하고자 하는 이화의 가치는 '변화가 시작되는 곳, 이화Ewha, Where Change Begins'라는 슬로건 안에 잘 녹아나고 있다. 그리고 이 슬로건이 지향하는 구체적인 방향은 '도전하는 이화', '세계로 향한 이화', '더불어 사는 이화'로 요약될 수 있다.

'도전하는 이화'란 결국 연구 중심 대학으로서 이화의 비전을 보여준다. 이를 위해 학교 측은 우수 연구 분야와 신규 유망 과제에 대한 투자를 정책적으로 지원할 것을 약속했다. 이런 맥락에

이화-솔베이 산학협력 약정(2011)

서 세계적인 화학종합그룹인 솔베이Solvay와의 산학협력 약정을 주목해볼 수 있다. 이는 세계적으로도 유명한 다국적 해외기업이 국내 대학과 공동으로 글로벌 R&D 센터를 설립한 첫 사례이기 때문이다. 이를 계기로 세계 수준의 우수 인력과 연구 특허 등을 확보한 이화의 연구력을 입증하는 동시에 또 한 단계 성장시킬 수 있다는 기대를 할 수 있게 되었다.

세계 수준의 연구 집단 육성을 위한 이화의 또 하나의 새로운 시도는 'Ewha Global Top 5 Project'이다. 이 프로젝트는 3년간 연구비 100억 원을 투자해 발전 가능성을 보유한 특화 연구 분야를 발굴하고 지원하는 거대 프로젝트이다. 최초의 여성 과학자, 최초의 여의사를 배출하며 한국 여성 과학 연구의 역사를 선도해 온 이화의 캠퍼스에서 이제 다시 '제2의 마담 퀴리'에 도전하는 학생들의 꿈이 여물어가고 있다.

'세계로 향한 이화'는 '글로벌 여성 교육의 허브'로서 이화의 소임을 되새기고자 함이다. 지난 역사 동안 이화는 한국 여성들에게 지워진 사회적인 한계와 경계를 깨고 수많은 여성 1호를 배출해왔다. 이제 이화는 변화하는 시대의 요구에 능동적으로 부응하면서 한국 사회를 넘어 세계를 돕는 '글로벌 여성 교육의 허브'로서의 역할을 실천해가고 있다. 이 비전은 지난 역사 속에 면면히 이어져온 섬김과 도전, 나눔의 이화정신을 한국 사회뿐만 아니라 전 세계 곳곳으로 확산시키고자 하는 사명감과 의지에서 출발했다. 이를 위해 이화는 글로벌 서비스 센터를 신설해 외국 학생 유치와 관리에 힘을 쏟았고, EGPP, Ewha-KOICA에 이어 'EGEP Ewha Global Empowerment Program'를 신설, 아시아 · 아프리카 지역 여성활동가를 선발해 교육과 글로벌 네트워킹을 강화했다. 해외 유수 대학의 학생들에게 질 높은 국내의 한국학 강좌 및 세미나를 화상으로 제공하는 '이화-KF global e-school' 프로그램을 추진한 것도 전 세계 여성을 연결하는 이화의 교육 네트워크 사업의 일환이었다. 김 총장이 밝혔듯이 이제 이화는 120여 년 전 선교사들이 그러했던 것처럼 국내외 여성 인재들이 딛고 건널 수 있는 든든한 '징검다리 Stepping Stone' 역할을 하고자 하는 것이다.

한국 여성 교육의 산실에서 글로벌 여성 교육의 허브로 향하는 새로운 도전은 모두를 향한 진정한 변화를 가져오는 이화의 사명이자 사회적 책무이다. 이화를 구심점으로 여성적 가치의 실현을 위해 글로벌 여성 리더들이 지역적, 전지구적으로 연대를 강화하고 있다. 이들이 적극적인 주체가 되어 빈곤과 열악한 여성 인권을 극복하고 더 나아가 사회와 인간 개발의 방향을 바꾸는 데 큰 역할을 할 것이다. 이제 이화는, 한국 사회에서 한국 여성의 인간

제3세계 여성 지도자 양성을 위한 EGEP 프로그램 참가자들 :

화를 위해 이루어낸 많은 결실들을 전 세계 여성들과 함께 나눔으로써 이화의 가치를 널리 확산시키고, 인류공동체 전체의 고귀한 유산을 만들어나갈 시점에 서 있다.

'더불어 사는 이화'는 이웃에 대한 사랑과 헌신으로 건강한 지역공동체를 조성함으로써 섬김과 나눔의 이화정신을 되살리는 일이다. 이화는 이미 1998년부터 전공과 연계한 사회봉사 과목을 신설하고 이를 학점화하는 '사회봉사활동 학점제'를 실시하여 학생들의 사회 참여를 독려해왔다. 그리고 2008년부터는 '사회봉사활동 인증제'를 통해 이화인이 각 현장에서 봉사활동한 내역을 체계적으로 관리해왔다. 전공연계 봉사활동은 대학교육이 추구하는 '전인적 전문인 양성'이라는 목적에서나 학생들 스스로 세계의 일원으로 자신의 가치를 증명할 수 있다는 실천적 측면에서나 그 의의가 충분히 증명되고 있다. 이화에서 유독 장애인 봉사 동아리 '키비탄'과 '호우회', 수화 동아리 '손지' 등 사회봉사와 관련된 동아리들의 활동이 두드러지고 있는 것도 이러한 맥락이라 할 것이다.

뿐만 아니라 구성원 간의 소통과 공감을 이끌어내기 위한 시도인 '이화가족 소통과 공감 캠페인', 서대문구 · 마포구 지역 독거어르신을 돕는 '이화인이 전하는 사랑의 배꽃향기', 동문 및 이화가족의 물품을 기증하고 판매하는 '이화인의 나눔가게'와 '이화인의 재능 기부' 등도 이화정신을 실천한 대표적인 사례들로 꼽힌다. 나아가 이화는 캄보디아 현지에 '캄보디아 이화사회복지센터Ewha Social Service'를 건립해 저소득 가정 아동과 여성 청소년을 위한 사업을 시도했는데 이 역시 국내 대학 가운데 최초였다.

"Non Nobis Solum"

김선욱 총장이 취임사에서 키케로의 문장을 빌려 강조했듯이 이화는 더 이상 우리 자신만을 위해서가 아니라 사회공동체 전체를 위해 존재한다. 즉, 새로운 시대 이화정신이 사회 전체를 위한 대학으로서 이화가 책임을 다하고자 하는 것이다. 그리하여 오랜 세월 도전과 용기로 지켜온 나눔과 섬김, 배려와 정의의 이화정신은 이제 구성원 내부에서 이웃으로, 다시 세계로 전파되고 있다. 그리고 그 가운데에서 이화와 그 이웃과 세계의 변화가 시작되고 있다.

맺음말

"이화여자대학교는 대한민국의 교육이념과 기독교정신에 바탕을 둔 여성의 인간화를 위하여 여성들이 건전한 인격과 교양 및 전문지식을 갖추도록 교육하고, 진취적인 학문연구와 적극적인 사회봉사를 통하여 국가와 인류사회의 발전에 기여한다." _ 헌장 제1조

이화여자대학교의 교육 목표와 기본 이념을 담고 있는 헌장 제1조는 '대학'으로서 이화의 정체성과 '여자 대학'으로서 이화의 역할이 무엇인지를 핵심적으로 보여주고 있다. 여기에는 한국 여성 교육을 위해 걸어온 이화의 역사와 현재의 위치, 나아가 이화

가 추구하는 미래가 함축되어 있다.

1886년 5월 단 한 명의 학생과 함께 시작된 이화의 역사는 이 땅의 억압받는 여성의 인간화를 위한 노력과 헌신, 도전과 응답의 역사라 할 수 있다. 이화인 모두는 월광에 물든 '신화'를 만들어내기보다 태양에 바랜 '역사'를 쓰고자 했기에, 한 사람 한 사람의 궤적이 모두 이화의 빛나는 유산이 되었다. 그리고 이 위대한 유산과 역사에 대한 무한한 책임감과 긍지로 이화는 기적을 만들었고 매순간 시대의 소명에 응답하며 이화의 위상과 품격을 증명해왔다. 뿐만 아니라 '여성의 인간화'라는 비전과 '기독교적 진선미'라는 이념을 통해 구현되는 이화정신은 한 세기를 넘는 역사 속에 면면히 이어져 내려오며 각 시대마다 이화가 감당해야 하는 사명이 무엇인지를 보여주는 지표가 되었다.

여성 교육의 암흑기였던 19세기와 20세기 초, 기독교의 빛이 이화를 밝힌 이래 이화는 이 땅의 여성들과 더불어 많은 것들을 처음 시도했고 처음 보여주었고 처음 성공시켰다. 이름조차 주어지지 않았던 한국의 소녀들은 이화에서 교육받고 각 분야의 리더로 나눔과 섬김을 실천하며 한국 여명기의 선각자들이 되었다. 또한 일제의 탄압과 횡포 가운데 이화는 홀로서기에 도전했고, 지축을 흔드는 전란의 포화 속에서도 학문을 향한 뜨거운 열망

하나로 수많은 기적을 일구어냈다.

한국 사회가 근대화와 민주화를 외치며 역사적 격랑에 표류하던 시기에 이화는 때로는 혁명의 선발대로서 지배 체제에 대한 과감한 도전과 비판을 수행했고, 때로는 학문의 전당으로서 진리 탐구와 예지 함양이라는 대학 본연의 가치를 되새겼다. 이 시기 이화의 과제는 양심적 지성인이자 혁명의 주체로서 여성의 사회적 책임을 방기하지 않으면서, 한편으로 여성이 남성과 조화롭게 공존하는 길을 학문적으로 모색하는 일임을 잊지 않았다.

세계화와 국제화 시대를 맞아 이화는 한국 여성의 인간화를 넘어 세계 인류에 공헌하는 글로벌 명문 대학으로 비상하기 위한 도약대 위에 서 있다. 그리고 이화인 모두는 진취적이고 주체적인 세계시민으로서 사명감을 가지고 이웃과 세계의 변화를 견인해가고자 한다. 이 시대 이화정신은 여성의 인간화를 위해 이화가 축적해온 교육 역량을 세계 여성들에게 환원함으로써 사랑과 나눔, 상생과 협력을 실천하는 모습으로 드러나고 있다.

다문화 · 다언어 역량을 갖춘 창조적 인재, 사회적 자본의 형성을 주도하는 여성, 창조적 지성과 인격적 감성을 갖추고 기독교 정신을 실천하는 지식인, 지금 이화는 미래를 향한 도전과 세계를 변화시키는 꿈을 향해 매진하는 수많은 글로벌 인재들을 품고 있다. 그리고 열린 학문공동체로서 세계의 여성 인재들이 딛고 건널 수 있는 '징검다리' 역할을 하고 있다.

이렇게 이화는 과거를 미래로 향하게 하고 한국과 세계의 경계를 넘나들며 전지구적 여성 현실이라는 '앞에 있는 푯대'를 바라보고 주저함 없이 나아가고 있다. 오랜 세월 이화가 변화와 가능성의 역사를 써내려가며 그 스스로 새로운 기준을 만들고 희망의 증거가 되었듯이, 또다시 이화정신은 새로운 시대정신이 되어 미래를 개척해나갈 것이다.

연표

1886	한국 최초 여성 교육기관 '이화학당' 설립
1887	한국 최초 여성 전용 병원 '보구여관' 설립
1910	대학과 설립
1914	한국 최초 여성학사 배출
1925	이화여자전문학교 설립
1935	신촌캠퍼스 이전
1943	재단법인 이화학당 설립
1946	종합대학교 제1호 인가
1950	이화여자대학교 대학원 신설
1951	부산 피난교사 개교
1963	대학원 제1호 박사 배출
1977	한국 최초 여성학 강좌 개설

1986	이화 창립 100주년
1995	한국대학교육협의회 대학종합평가 종합 최우수 1위
1996	세계 여자 대학 최초 공과대학 설립
2004	제2주기 한국대학교육협의회 대학종합평가 종합 최우수 1위
2006	개발도상국 여성인재 학위과정 프로그램(EGPP) 신설
2007	스크랜튼대학 설립
2008	국내 대학 최대 규모의 친환경 지하캠퍼스 ECC 건립
2011	이화–솔베이 산학협력 약정 조인
2012	아시아 · 아프리카 지역 비정부 공익부분 여성대상 프로그램(EGEP) 신설 한국기초과학지원연구원 서울 서부센터 설치
2013	'2013 라이덴 랭킹' 국내 종합대학 1위 Residential College 시범 운영 산학협력관 준공

이화 역사 이야기

펴낸날 1판 1쇄 2013년 9월 30일
엮은이 이화역사관

펴낸이 김훈순
펴낸곳 이화여자대학교출판부
주소 서울시 서대문구 이화여대길 52 (120-750)
등록 1954년 7월 6일 제9-61호
전화 02) 362-2966(편집), 02) 362-6076(마케팅)
팩스 02) 312-4312
전자우편 press@ewha.ac.kr
홈페이지 www.ewhapress.com
책임편집 이정원
디자인 송윤형, 정혜진
사진 이화역사관, 이화여자대학교 홍보팀, 이필두, 임석재
찍은곳 한영문화사

ISBN 978-89-7300-985-5 03900
값 16,000원